JN045698

お笑い芸人

北村さんちのオトコの文通

産婦人科ドクター

北村　智

北村邦夫

イラスト
北村ヂン

信濃毎日新聞社

はじめに

2011年から長野県を拠点に活動を続けるお笑いコンビ「こてつ」。「どうもー」の掛け声とともに登場する舞台でいつも相方にツッコミを入れている俺が、群馬に暮らすおやじと「公開文通」をすることになった。しかも、長野県全域に配達されている信濃毎日新聞の紙上で。

提案してきてくれた文化部の担当者からは、「くらし」のページで、テーマは子育て、家庭にかかわるあれこれ、という説明。地域密着お笑い芸人の父親が若者の性に詳しい産婦人科医で、俺を含む5人の子沢山。当時の俺は、間もなく小学校入学を迎える娘と、3歳の息子を抱え、子育て真っ最中。そんな父と子が紙上漫談をすれば、芸能のお笑いの世界とは違った面白さがあるのではないか、と。さらに東京でイラストレーターをしている兄貴のイラストまで加えて。

そんな話に「あ、いいっすね」と軽いノリで答えてはみたものの、おやじと俺は全くの畑違い。おやじは60歳を過ぎた今も、東京に遠距離通勤をしながら忙しく医者の仕事を続けている。高校まで実家に暮らした俺だが、最近は盆と正月に家族を連れての里帰りで顔を合わせるくらい。

お笑いのネタではないし、一体、何から書けばいいの⁉　と頭を抱えながら、まずはおやじの得意分野である「思春期の性」に引っ掛け、俺の「目覚め」の頃を思い起こしてみることにして、月に一度の「往復書簡」が始まった。

今となっては白状するのもちょっと恥ずかしい少年時代の下ネタから、家の中で当たり前に聞かされていた避妊の話、初恋の思い出、高校生になって初めて二人で取っ組み合った日、芸人として生きていく道を選んだときのことまで。どこの家にもあるような話かもしれないし、うちだけの特異なケースかもしれない。

仕事に子育てに、現在進行形の俺。わが子は日々成長する。驚くこと、分からないこと、心配なこと、不安もいっぱい。そんなこんなを書き連ね、おやじから投げ返される言葉を読みながら、少しは落ち着いて物事を考える余裕が出てきているだろうか……？

とにかく、ふつうの家庭ではなかなかないと思う、お互い、いいトシをした父と子による「性」をめぐる文通から、気楽にお読みください。


よしもと長野県住みます芸人「こてつ」　**北村　智**

もくじ

北村 智（きたむら・とも）

1979年群馬県生まれ。北村家5人きょうだいの三男。2006年に河合武俊さんとお笑いコンビ「こてつ」を結成。11年から吉本興業の企画する「長野県住みます芸人」として長野に移住し、地元のテレビやラジオ番組、イベントに出演。コンビで「信州観光宣伝部長」も務める。1男1女の父。

イラスト　北村 チン

1975年、群馬県生まれ。北村家の長男。ライター&イラストレーター。世の中にあふれるちょっとヘンな物全般を取材対象とし、「デイリーポータルZ」「エキサイト」などネット上のメディアを中心に連載中。

産婦人科ドクター

北村 邦夫（きたむら・くにお）

1951年群馬県生まれ。産婦人科医。自治医科大卒業後、群馬県内の保健所等に勤務。88年から日本家族計画協会クリニックの所長を務め、2014年から一般社団法人日本家族計画協会理事長。思春期から更年期まで生涯を通じた女性の健康、性をめぐる悩みと向き合い、診療の傍ら全国で講演を続ける。

お読みいただく前に

○本書は、信濃毎日新聞くらし面で2016年4月から毎月1回第4木曜日連載のコラム『北村さんちのオトコの文通 ～子育て・仕事・性～』のうち、2019年11月までに掲載した計44回分を再構成し、加筆・修正をしたものです。

○登場する人物の年齢や肩書、数量等にかかわる記述は、原則として掲載時のままとしています。新聞掲載から期間が空いて補足が必要と思われるところには（注）を挿入したほか、当時の出来事について文末にミニ解説（※）を付けました。

○本書の「文通」の順番は、紙面掲載順とは異なっています。各回の末尾にあるカッコ内の年月日は新聞掲載の日付です。

I まずは　シシュンキの「性」をまじめに語ろうか

性へのめざめ

書斎が「隠れ家」に――おやじの本で知識吸収、学校ではヒーローの俺

いい意味でも悪い意味でも、この親にしてこの子あり!

俺が性に興味を持ち出したのは、小学校の4年生か5年生だったかな。

体育館で学年全体の集まりがあり、それが終わると先生が「女子は体育館に残って男子は教室に戻っていてください」。え! なに? いったい女子だけ残って何をしているの? 教室に戻った男子はどうしたって落ち着かないのだ。

しばらくして女子が教室に。女子とも仲の良かった俺にとって情報収集は簡単なものだった。

しかし、その内容はその頃の俺には全く理解ができなかった。

月経? オマタから血が出る? ナプキン?

その日初めて、俺は親の仕事に興味を持ったのだ。

うちの家庭では当たり前のように、世で下ネタと言われるであろう言葉を自然と耳にしてきた。

電話で取材を受けるおやじ。ペニス、セックス、当たり前に幼少期から聞いてきた言葉。意味は理解していなかった。ただ何となく大人の話なんだろうくらいに思っていた。

が、この小学校での出来事をきっかけに何かが結び付き、その日から家に普通に置いてあるおやじの著書を読みまくるようになったのだ。

本の中には女性の体、各所がリアルに描かれているではないか。わが家には堂々と見ることのできる「エロ本」があったのだ！　自分ではエロ本感覚だが、それはつまり性に関しての知識が自然と入ってくるということでもある。

無駄に知識を蓄えた俺は、学校でヒーローになった。

「同年代の知らない性の単語、性のことを俺は知っているのだ！」

一方、同級生のみんなは、辞書を調べてキャッキャと騒ぎ、性についての単語だけで騒いでいる。俺はその頃、既に避妊について考えていた。

性教育講演に招かれたときなど、参加者から決まって向けられる質問があります。

「北村家では子どもたちにどのような性教育をされてきたのですか」

そんなとき、僕の答えはおうむ返しのように、「何かをしたという記憶は、全くといっていいほどございません」。

長野市の山あいにある芋井（いもい）広瀬という地区で生まれ育った女性と、学生時代に結婚したこともあってか、3男2女の子どもに恵まれました。しかし、子どもたちに取り立てて性教育をしたことはありません。

とはいえ、わが家の2階にある僕の書斎は確かに、しばしばわが子とその友人の「隠れ家」になっていたことをいまさらながら思い起こしています。

仕事から帰宅するや、妻から、「医学書、何とかしてよ!」と小言を言われたことがあります。

小学生の長男（注・智の兄のこと）が何人かの

友人を引き連れてわが家に遊びに来ていたのですが、当然のことながら「隠れ家」が使われていたようです。小一時間もすると、どやどやと階段から降りてくる音がしたかと思うや、「外に遊びに行ってくるから」と。

後始末は毎度のこととはいえ、「隠れ家」を開けて驚いたのは、解剖学の本が開いたまま散らかっていたのです。しかも、そのページには精緻な女性器のイラストが。

僕の書斎ですから、本棚には医学関係の本が並んでいるのは当然ですが、こともあろうに彼らの関心は英文の本ではなく、写真やイラストが満載の解剖学の本だったのです。しかも、異性の性器。

医学とは無縁の妻からすれば「とんでもない」出来事だったのでしょうが、仕事柄すべてを隠しおおせることもかなわず、「心配しなさんな」となだめることになりました。

もちろん、子どもには「見るのはいいが、出したらしまう、開けたら閉じる」と注意を促したのは言うまでもありません。

(2016年4月28日)

性にオープンな家庭

「白いもの出たら…」なんて親だ！
――息子にハラハラ「望まぬ妊娠だけは…」

いい意味でも悪い意味でも、この親にしてこの子あり。

北村家の性教育は、物心ついた頃からおやじにある二つのことを言われ続けていたのだ。

一つ目が「ちんちんから白いものが出たら教えろ」。

全く意味は分からないが、何となく聞いてうなずいていた。

そんなある日、事件は起きた。俺が小学校低学年の頃、朝起きるとちんちんに白いものが付いていたのだ！

すぐにおやじのところに飛んで行き、「お父さん見てー」。それを見たおやじが一言、「ばか、これはパンツの糸くずだ」。

白いものが出たら褒めてもらえるのではないかと思っていた子ども心に傷がついたのを覚えている。今考えてみると、初めての夢精を親に言う人間がどこにいるのだ。隠れてパンツを洗

うものだろう。白いものが出たら教えろって、なんて親なんだ。

二つ目が「望まない妊娠をするな（させるな）」。

妊娠の意味は分かっていたが、どうしたら妊娠するかは分かっていない。キスしたら？　抱き合ったら？　結婚したら？　望まない妊娠っていったい何なのか。家に普通に置いてあったおやじの本でコンドーム、ペッサリーなどの避妊具は目にしていたが避妊の意味が分からない。「性行為」を知らないのだから当たり前だ。

だが、後に年齢を重ね、性行為のことを知り、全てが結び付いた。性行為を知った思春期の健康な男ならおっぱいを触ってみたい、「やってみたい」という感情でいっぱいになる。

ここで北村家の性教育の成果が出た。性行為を知る前に避妊に興味を持ったのだ。

通常の場合、避妊をよく知らずに性行為を知る。避妊の知識があまりないのに「やってみたい」が先行、そして「望まない妊娠」という結果になる。

さらに俺は、おやじの本から性感染症の知識も入っていたので性行為には慎重派だった。

北村家の性教育は間違っていなかった。

皆さん、性教育の本をリビングに置きましょう。「ティーンズ・ボディーブック」（中央公論新社）がおすすめです！　おやじの本を宣伝（笑）。

ちなみに、母親からも小さな頃から一つだけ言われ続けていたことがある。

「髪は短くするな。あなたは顔が悪いのだからなるべく髪を伸ばして顔を隠しなさい……」

なんて親なんだ！

子どもが誰とどの程度の付き合いをしているかなんて、普通の父親なら知る術（すべ）もないでしょうね。でも、僕の家は違っていたようです。中でも、智については高校のときにはあの娘（ここではあえてAさ

んとしましょう)、学生時代はあの娘(Bさん)、そして社会人になって出会ったのが、結婚にまで至った今の嫁さん(Cさん)。親の目をかいくぐって他にも付き合いがあったかどうかは分かりませんが、僕の知る限りではこの3人だと記憶しています。

というのは、わが家から程遠いところに住んでいたAさんが遊びに来ると、僕の休みの日など決まって「送ってやって」と求められていたのです。長い道中、車中で話しながらご自宅まで送っていました。

そのうち、Bさんが登場。あるとき、僕たち夫婦で京都旅行を企てたことがありましたが、貧困学生の智ではBさんを新幹線にも乗せられまい、ホテルにも泊まれないだろうと気遣って、「2人も一緒に」と誘ったことがありました。

二つ返事で誘いに応じた2人。高級ホテル、高級レストランでの京都旅行を堪能しました。他人からみたら結婚もしていない2人を誘う親の気が知れないと批判されるかも知れませんが、親の目を盗んで付き合いが進行し、取り返しのつかないことになるくらいであればという配慮があったわけです。

しかし、旅行から帰って間もなく、智の口から発せられた言葉に唖然呆然(あぜんぼうぜん)。

「俺たち別れることを決めていたんだ。別れる前にいい思い出ができた」

Bさんとはその後、音信不通であることは言うまでもありません。

その後、今の嫁さんとなったCさんが登場。結婚し、今では2人の子どもに恵まれています。

仕事柄、中高生に向けて「望まない妊娠を避けよう。性感染症を予防しよう」と性教育の場で声高に叫んでいるわけですから、僕の子どもが「望まない妊娠」なんてことになったら飯の食い上げになるだろうことは子どもながらに感じていたようです。時に、それが親への脅迫となって小遣いを無心されたことがないわけではありません。

性教育を担当する側には、皆さんには想像もつかないプレッシャーがあることを知っていただけたら幸いです。

（2016年5月26日）

文通その3

性の話は下ネタ？

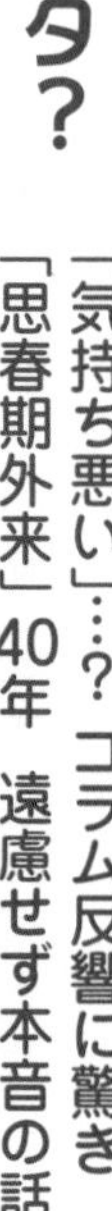
「気持ち悪い」…？ コラム反響に驚き
「思春期外来」40年 遠慮せず本音の話

智より

この親にしてこの子あり。

このコラムが始まり、いろいろな反響をいただきました。

「楽しみにしている」「面白い」「北村家を参考にします」……。

普段テレビで見せる顔とは違う自分を見ていただき、とても気分が良く鼻高々な気分でした。

しかし、うれしい反響の中にこんなお言葉が……

「気持ち悪い！」

え？ 気持ち悪い？？ 理由を聞くと、男が性について語っていること、自分の経験を赤裸々に語っていることが気持ち悪いとのことだ。

俺は産婦人科医でもなく、ただの芸人。全く畑違いだからどうでもいいと言ってしまえばそれまでだが、性教育は難しいなぁと感じた。

オイおやじ、どうなっているのだ！ 学校の教育が悪いのか？ 日本が悪いのか？ 性の話をしたら気持ち悪いって言われたぞ！

先日、「愛は子宮を救う-in長野」という子宮頸がん予防啓発イベントが長野市であり、「こてつ」の相方と司会を務めた。その中でわれわれと産婦人科医、子宮頸がん経験者、大学生といった人たちによるディスカッションがあった。

学生さんも性教育が大切と分かっているけれど、恥ずかしくて友達とそういう話をあまりしないし、よく分からないという子が多かった。

ともすれば性教育が下ネタと捉えられてしまう世の中。日本人の気質なのかなぁ。その日のトーク内容はもちろん子宮頸がん。子宮頸がんはウイルス感染が原因で、予防できるがんと言われているそうです。20～30代の若い世代に急増しているにもかかわらず、検診受診率が低いとのこと。

これは俺の考えですけど、この問題は「産婦人科」という名前が悪いと思うのです。産婦人科と聞くと、若い女の子はおめでたの人が行く場所、自分はまだお世話になる所ではない、というイメージがあるそうです。

そこで、提案です！　産婦人科とは別に「オトメ科」をつくりましょう‼　絶対に若い子たちが行きやすくなると思いませんか？　検診受診率も上がると思うんだけどなぁ。

そういえば最近、尿の出が悪い気がするんだよなぁ。男性特有のモノかもしれない、検診に行かなくちゃ。

僕の日常は週1、2回の診療に加え、執筆、講演、退屈な会議、そして暇さえあれば下手なゴルフに興じるとなっています。

患者は、そんな僕の仕事を承知してか、診察室に入るなり「街コンに行ったけれど、最後までメルアド交換を求めないってどういうこと?」「彼からLINEが届く。すぐに返事を返さないと文句を言われる。私のすべてが知りたいって気持ち分かるけど、男って耐えられないのかな」などなど遠慮なく語り掛けてきます。

だから、講演や執筆のネタには事欠きません。

こんなとき、「よほどあなたに興味がなかったってことじゃない?」「それがデートDV（交際相手から暴力や精神的な支配を受けること）だって気付いていた?」といった辛辣な言葉が僕から返されることになります。

でも、人間、腹を割って話すと、辛辣さもやさしさに早変わりするもので、また新しいネタを持って次の診察日に顔を見せてくれます。

僕が長年「性の語り部」をやっていて感じるのは、「性の話」にはそんな魅力があるということです。

「性の話」とひとくくりで言いますが、老若男女、興味の度合いが違い過ぎてテーマを絞り切れ

ないことに問題があります。しかも、恥の文化や価値観、宗教観の違いなどもありますから、「性の話」を無理強いするわけにもいきません。

相手の反応を無視して話を続ければ、「エロじじい」の烙印を押されかねませんし、「セクハラ」と言われ、訴訟に発展することだってあり得ます。

だから、効率の良さは認めますが、成長や発達、関心の度合いが大きく異なる子どもたちを体育館や講堂に一堂に集めての性教育など、本来は推奨されるものではありません。

今回、智から「オトメ科」などとしたり顔で提案されましたが、わが子とはいえ父親の仕事内容など知る由もないのかなあ……と痛感しました。

「あなたの専門は?」と聞かれたら「思春期学」と答えるのが僕の常です。

女性には「ゆりかごから墓場まで」女性特有の病気があります。中高校生、時には小学生や乳幼児にだって、おりものや月経の異常などのために産婦人科を受診しなければならないことが多々あります。

妊婦さんと一緒では受診しづらいだろうと開設したのが「思春期外来」。僕は医者人生の大半を「思春期外来」に費やしてきたので既に40年近くになります。ようやくわが国でも市民権を得るようになりました。

それにしても、吉本芸人と性教育論や思春期外来談議とは不思議な感じがします。芸人の本領を発揮してもらい、読者が笑いこけてしまうような書簡の交換ができるといいですね。

(2016年7月28日)

男の下着事情

仲間たちとはいた栄光のトランクス 周囲からの圧力 危うい思春期

女性は、思春期にいろいろ身体に変化が起きる。胸の発達、性毛、わき毛が生える、初経、からだに丸みをおびる、まだ他にもあるのかなぁ？

それに比べて男はどうだろう。性毛、わき毛は女性と同じ。腕毛、すね毛、ひげ……。毛ばっかりだなぁ。他は何だろう。のどぼとけが出る、初めての射精、筋肉質になる。

おっ、考えるといろいろ出てくるなぁ。

けど、俺が男だからだろうか。女性の身体の変化は、なんか美しく感じる。

男の思春期なんて「オイ！　おまえ、毛生えたか？」「オナニーって知ってるか？」。なんかガキだよなぁ。

成長の早い女子は小学校の高学年にはブラジャーデビューする子もいた。スポーツブラからブラジャーへと変わる女性の下着事情。

一方、俺の下着事情はこんな感じだった。

あれは、小学5年生の身体測定の前日、目立つことが好きな仲間でミーティングがスタート。

「明日身体測定だぞ！」

「どうする、なんか目立つことしようぜ」

「トランクスはく？」

「トランクス？　なにそれ？」

「すげー派手なパンツがあるんだよ」

「マジで!?」

「やろうぜ！」

パンツ一丁で行われる身体測定には持ってこいの作戦だ！

「じゃあ、放課後お金を持って集合な！」

だが、小学生がそんなお金を持っているわけもなく、しかも親にトランクスを買いたいからお金をちょうだいなんて言えない。どうしようと思いながら家に帰ると親が不在。ラッキー！　財布のありかは知っているのだ。しめしめ。こっそり母の財布からお金を抜き取って集合場所へ。見事、ド派手なトランクスをゲット！

身体測定当日、純白のブリーフ一丁の同級生が並ぶ中、俺たちだけはド派手トランクス！　作戦通り注目の的だ！　先生に呼び出されるのも、家に帰って母親に怒られるのも想定内。全て作戦通りだ（笑）。

その後、1990年代は「ボクサーパンツ」が大ヒットし、それから俺は、これを愛用中なのである。

最近は、子供用も大人用のブリーフもオシャレに色が付き、絵が描いてあったりする。純白のブリーフはあまり見かけなくなった気がするが、いまもはいている人、いるのかなぁ。

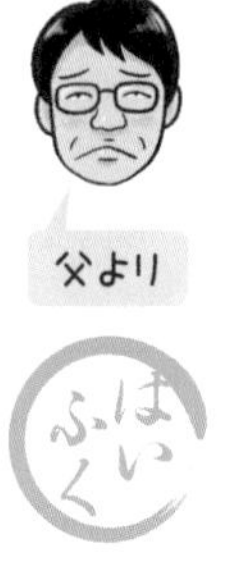

先日、智が久しぶりに帰ってきたとき、盛んに「オヤジ、今も純白のブリーフはいているのか」と問いかけてきました。「何か問題か」と返すと、だんまりを決め込んでいました。この手紙が伏線にあったのだと

今、気づかされました。

30年も前のことだったでしょうか、僕の兄の長男、僕にとっては甥ですが、彼から僕の服装について指摘されたことがあります。

「おじちゃん、ワイシャツの下にランニング着るなんてダサい！」。揚げ句「白のブリーフなんて恥ずかしいよ」と。

下着であろうと何であろうと、出された物を身に着けるのが当たり前だと思っていた僕にとっては、意外な言葉だったのです。

そんなこともあってか、今は亡き母と僕の同居人（妻のことです）が買い物に出たとき、僕のために人生初のトランクスとやらを買ってきてくれました。

朝風呂を習慣としている僕は翌朝、颯爽と色柄のトランクスをはき、ワイシャツの下は素肌で仕事に出かけました。そのときの感想を同居人がよく覚えていて、「一日中、股間が落ち着かなかった、と言っていたわよ」と話してくれました。

格好を変えたからといって若者に変身できるわけもなく風邪をひく羽目に。「無理することないわよ」という同居人の助言もあり、僕のトランクス人生はたった一日で終わりました。以来、僕は風呂上がりに、毎朝おひさまのにおいを十分に感じ取れる純白の下着上下を身に着けて、群馬から東京通いを続けています。

手元に、日本家族計画協会が2年ごとに全国で実施している「男女の生活と意識に関する調査」の結果があります。そこには、次のような設問が……。

「あなたが生活する上で、あなたの行動や考え方について、最も影響を受けたのは誰（何）ですか」選択肢には親、祖父母、きょうだい、近隣の人々、学校、友人・先輩、マスコミ、インターネット、宗教などが並びますが、16〜49歳の回答者のうち、1位は男女ともに親で58・8％（男性50・3％、女性66・3％）。次いで友人・先輩が18・6％（男性22・5％、女性15・2％）、さらにきょうだいと続きます。女性は親の影響を受けやすい一方、男性は女性に比べて友人・先輩を挙げる割合の高いことがわかりました。

ピア・プレッシャー（仲間からの圧力）に屈して自分の主張を押さえ込んでしまうことがあります。

今回の話題はたかだかブリーフだのトランクスだのに過ぎませんが、これが高じて、ゲームセンターで使うお金を持ってくるよう強要され、揚げ句はいじめへと発展しかねない危うい思春期の世界。僕の子どもですから主導したのはきっと智に間違いありませんが、「俺は白のブリーフ！」と言いたかった仲間もいたに違いないと思うと胸が痛みます。

（２０１７年１月26日）

文通その5

思春期の男子の本

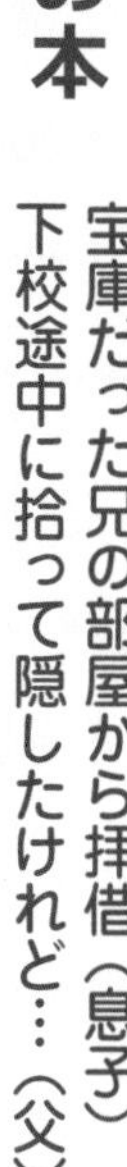

宝庫だった兄の部屋から拝借（息子）
下校途中に拾って隠したけれど…（父）

思春期の男の子を持つ親にお聞きします。

子どもの部屋で「エロ本」を発見したらどうしますか？ 悲しい？ 「大人になったな」と感じてうれしい？ 子どもを叱る？ その本を捨てる？ そのままにしておく？ 本棚に立てる？

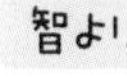

正解は俺にも分からない。とにかく親に見つからない所に隠せって話だよね。

俺の時代は、アダルト画像も見られるインターネットなんてほぼ普及していなかったが、エロ本を買ったという記憶はない。なぜなら、兄の部屋がエロ本、エロビデオの宝庫だったから。

拝借、拝借ってなわけ。

兄の部屋と言ったが、北村家は初めから個々の部屋があったわけではない。兄が本当に一人部屋になったのは高校に入ってから。

俺はきょうだいが5人。「子ども部屋」として、2階の大部屋がわれわれきょうだいの部屋だった。といっても、小さな頃はほとんどの時間をリビングで家族と過ごし、部屋は寝るだけの場所だった。

だが思春期になると、一人になれる場所、自分の空間、勉強に集中したい――などの理由で一人部屋が欲しくなるものだ。

そこでわれわれきょうだいは、試行錯誤しながら棚や勉強机を移動させた。見事、大部屋の一角に自分のスペースを作り上げることに成功！ 今までは部屋全体がみんなのスペースだった。だから、狭い空間ではあるが、自分だけのスペースが出来たのがすごくうれしかったのを覚えている。

うちの親は、初めから一人部屋を提供せず、どうしたら快適に過ごせるのか創意工夫し、問題解決の能力を身に付けさせたかったのだ……とでも言っておこう。

兄たちはそのスペースで黙々と勉強し、成績優秀！ 地区で一番の高校へ進学していった。俺も兄たちに見習って自分の勉強机に向かうものの、いざ勉強を始めようとすると……机の周りの片付けを始めたり、漫画に手が伸びてしまったり、とにかくテスト前の一夜漬けがほとんど。俺には一人の勉強空間ってものが向いていなかったのだ！

東大生の約5割が一人部屋ではなくリビングで勉強していたとのデータもあるという。俺も部屋で勉強しようとせず、リビングで勉強していたら、東大生だったかもなぁ（笑）。

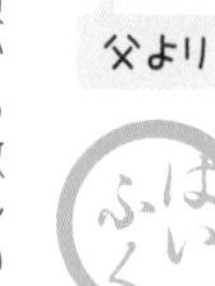

森鷗外の小説に「ヰタ・セクスアリス」があります。ラテン語で性欲的生活を意味する言葉です。

ここで、僕の「ヰタ・セクスアリス」を語るのもどうかと思いますが、中学生の頃から激しい性欲との戦いに明け暮れた日々を送っていました。

友人から「北村、いい本があるから見に行こうぜ」と誘われたのが中学2年生のとき。学校帰りに近くにあったお寺に連れて行かれると、そこにはいわゆる「エロ本」が山積みされていました。誰が捨てたのか、それとも保管していたのか、1冊取り出してみると過激な写真の数々。僕にとっての初めての経験でした。

以来、学校帰りにそこに立ち寄っては、本を1冊カバンに忍ばせて家に帰るという習慣が生まれました。

狭い家です。しかも母と兄姉の7人がひしめき合って暮らしていたわけですから、一人部屋などあろうはずがありません。

幸いなことに最年少だった僕は、帰宅するのも一番。ざっと目を通した後にしなければならないのは、その本をどこに隠すかです。

畳の下や天袋。でも、隠したら隠したで、誰かに見つかったらどうしようという不安に襲われ、緊張の時間が続きました。

そうこうしているうちに、朝目覚めたときに、パンツがぬれていることに気づきました。

当時、性教育が行われていた記憶はなく、その正体が何かをすぐに知ることができませんでした。

「お母ちゃんに見つかったらヤバイ」とばかりに、パンツを裏返してお尻で乾かそうとしました。

程なく、それが精液、精通（初めての射精）だと知ることになります。

古今東西、老若男女。誰もが通る道です。性の目覚め。男女にとって性の目覚めの典型は二次性徴の発現、とりわけ初経の発来と精通の経験だと言われています。

初経の発来は、ここ10年くらいほとんど変化していません。

精通現象については、射精かどうかの判断ができない場合が少なくありませんが、初経年齢同様大きな変化は見られません。

ちなみに、東京都内の性教育研究会が2013年に行った調査結果によれば、小学5年、6年、中学1年、2年、3年での累積経験率は7・8％、18・6％、35・0％、46・7％、49・2％ですから、僕の場合も5割くらいの仲間入りをしていたことになります。

中には、精液だと認識できない男の子もいて、ペニスの先からウミのようなものが出たと不安そうに電話で相談してくることもあります。

女子への初経準備教育に劣らない思春期男子への教育を徹底してほしいと願っています。

（2017年4月27日）

IT化と草食男子

文字少ないからこそ胸に響いたポケベル――今、恋愛どころか「絶食化」⁉

初めて自分の通信機器を持ったのは、高校生のときの「ポケベル」。当時人気を集めた広末涼子がCMに起用されるなどポケベルは大流行し、学校の休み時間は公衆電話に大行列！　お金のない学生はどうにか10円で済ませようとベル打ちの名人になる。

放課後、帰り道の公衆電話で思いを寄せる異性へメッセージを送る。1271219111149367と打つと、「イマカラアエル？」の文字。限られた文字数に思いを乗せメッセージを打つ。

少ない文字数だからこそ、ジワジワと胸に響くのだ。いつ返事が来るか分からないもどかしさ。メッセージを見てくれたのかも分からない。既にメッセージは見たけれど、公衆電話が見つからないのかもしれない。

あっ、ポケベルが鳴った！

「イマスグカエレ　ハハ」。ガーン（汗）なんてことも。

声が聞きたければ固定電話にかけ「○○さんはいらっしゃいますか」。少なくとも相手の家族との会話やコミュニケーションがあった。

相手のお父さんが出たときなんて、悪いことをしていないのに怒られるんじゃないかとドキドキしたものだ。固定電話にかけることで敬語や社会性を身に付けた気もする。

今はもう、仕事にプライベートにとスマホは便利で手放せない。半面、簡単に連絡が取れるので、姿をくらまし、こっそりきれいなおねえさんと……なんてことにも苦労する（笑）。

その一方、実際は会ったことのない人とSNS（ソーシャル・ネットワーキング・サービス）のやりとりだけで話が進み、恋がスタートなんて形もあるようだ。

中学時代はバスケ部だった俺。体力づくりで校外へジョギングに行くと、やんちゃ組はコースから外れ、決まって河原へ向かった。

目的はただ一つ。エロ本を拾うこと。なぜだか河原にはエロ本が捨ててあり、部室に持ち帰って、みんなでコソコソ見たものだ。

今の時代は、子どもにアダルトサイトを見せないようにとフィルタリング機能があるが、そんなモノはうまくかいくぐってしまいそうな状況だ。俺の時代にも、こんな便利なものがあれば、わざわざ河原で探す必要もなかったのに。

しかし、女性の裸を見たいという思春期の男子が必死になって河原でエロ本を探し、苦労の末に見たあの興奮は忘れられない。

昔は不便だったが、楽しかったなぁ……なんて思い出すのは年を取った証拠だろうね。それでも、便利なことは幸せなのかと考えてしまうのだ。

父より

男性の草食化が話題になっています。最近は草食化でなく絶食化なんて言われているわけですから、ただごとではありません。
日本家族計画協会は2年ごとに「男女の生活と意識に関する調査」を実施していますが、その中で「セックスをすることに関心があるか」を聞いています。2014年の調査では「関心がない＋嫌悪している」の割合が、男性の16～19歳で34・0％、20～24歳が21・1％、25～29歳は21・6％となっています。
異性を追いかけ回していた僕の青春時代を振り返れば、異性への関心が最も高い年代でのこの結果に驚きを隠せません。
LINE（ライン）やフェイスブック、ツイッターなどには、人と人とが簡単につながれる利点

があるし、楽しい絵文字も送れます。しかし、いざ面と向かったときのぎこちなさは目に余るという声をよく耳にします。

拙著に「セックス嫌いな若者たち」（メディアファクトリー新書）があります。その執筆で、草食系の男性10人ほどと面接しました。

彼らに共通していたのはコミュニケーション能力の低さでした。

ある男性は「オンラインゲームにはまっていて、その対戦相手の女性とはギャグを言い合える（メールし合える）。かつて、ゲームで知り合った女性を映画に誘ったことがあるが、面と向かっては何もしゃべれず『メールの印象とは随分違うわね』と言われて終わった」と。

若者たちは失敗を恐れています。拒否されたらどうしようという不安が先行し、声を掛けられないのです。「失敗は〝性交〟の元」といいます。失敗を恐れていては、人との触れ合いを前に進めることはできません。

好感を持った異性にアプローチしても、簡単に応じてくれないことは僕自身がしばしば経験したことです。「自分の顔を見たことあるの」とか「私に声を掛けるなんて10年早いわよ」と言われ、返す言葉もありませんでした。

でも僕は負けませんでした。交際を拒まれたことがむしろ僕の上昇志向を駆り立て、いつかきっと見返してやるというパワーを生み出したのです。

診療の現場で若者の性の実態を間近に見ている僕としては、性行動に積極的なグループと消極的なグループの二極化が進んでいるのではないかと考えています。特に後者の消極派の特徴は、異性に限らず他者とのコミュニケーションが面倒だと考える人たちです。

責任ある行動を取れないままの性行動は歓迎できませんが、他者との関係を築くことを面倒と考える若者が増えていっては、日本の未来に夢も希望もなくなると不安になるのは僕だけではありますまい。

（2016年8月25日）

Ⅱ

まったく妙な　オヤコの関係

父という存在

おやじへの尊敬は母のおかげなのだ

この親にしてこの子あり。

自分の親は生まれたときからこの親、医師の北村邦夫だ。当たり前のことだけれど、そうなのだ。

親が医師と聞くと、うらやむ方もたくさんいるだろう。「立派なお父様でいいわねぇ」とよく言われたものだ。

しかし、子どもにとってはただのおやじ。家に帰れば純白のブリーフ一丁で歩き回っていたり、お酒を飲んで酔っぱらってごろ寝していたり。ごく普通のおじさんなのだ。

少年時代は嫌だったことも多かった。

「お前の父ちゃん医者なんだろ？　何科だよ？」

「産婦人科」と答えると「うわー、エローい！」

こんな毎日だった。なぜバカにされるのだ？　産婦人科はエロいのか？　いくら考えても分

からない。親の仕事のせいでイジメられるなんて!

だが、俺はイジメと戦った! おやじのことが好きだったし、尊敬していたからだ。好き? 尊敬?

きれいごとのように聞こえるが、それは母親の力なのだ。

仕事人間でほとんど家にいなかったおやじ。5人の子どもたちを毎日一人で面倒を見ていた母親。しかもおやじの母、つまり俺にとってはおばあちゃんの面倒も見ていた。朝から晩まで休まる時間はなかっただろうに。

しかし母親は決しておやじの不満、悪口を子どもの前で言わなかったのだ。

お父さんは毎日働いてお金を稼いで来て

くれているのよ。そのおかげであなたたちはご飯が食べられている。感謝しなさいね。と子どもに言い聞かせていた。

母親が家でおやじの悪口を言っていたら、違っていただろう。それを聞いて子どもの父親への評価は低下し、嫌いになる時期もあっただろう。子どもって本当に親の行動を見て、言葉を聞いているのだ。

今、芸人という仕事をしている俺。「お前の父ちゃん芸人だろー？ つまんねー！」と言われる日が来るかもしれない。

頑張れわが子！ 俺を愛しているなら頑張れるはずだ。……んー、自信がない(汗)。俺はちゃんと愛される父親になれているのか？

ある小雨の降る日、保育園に娘を迎えに行ったときの話。

保育園から出てきた娘に傘を差し出すと、「傘いらない」ではなく、「パパいらない」と言われた。

言い間違えなのか、どういう意味なのか、いまだに確認は取れていない。

大人には体色を変化させるカメレオンのように数え切れないほどの顔があります。

部下や上司と向き合う顔、子どもを叱りつける顔、褒めるときの顔、どんなに上手な顔を作っても、内なる心は簡単に見透かされるものです。心許せる人の前で見せる顔などなど。いずれも自分の顔であって逃げも隠れもできません。でも、

遠い過去のことになってしまいましたが、智にとっての母親と、僕にとっての母親の間で右往左往していたときの僕の顔など、とても見せられるものではありませんでした。

つまり、世に言う嫁姑問題がわが家にも起こっていたのです。調子に乗って言わせてもらえれば、僕を産んでくれた母で、しかも女手一つで6人の子どもを育てたわけですから誰にでも誇れる母でした。僕の妻（智の母親）だって僕が選んだ女性ですから一級品です。

母の6人の子どものうち、男は末っ子の僕と兄2人。あるとき、ひとり暮らしの長かった母を前に男3人が居並び、こう切り出したのです。

「お袋、これからの人生を誰と一緒に過ごしたいか？」と。

そしたら、よりにもよって僕を指さしたのですから震天動地。末っ子に嫁いだ妻にとってはまさに予想外の展開となりました。

以来妻には頭が上がりません。父親として、夫としての威厳なんてどこ吹く風です。しかも、

学生時代から次々と生まれた5人の子どもたち。卒業とともに仕事は多忙を極め、家を顧みることもできない日々が続きました。

恥ずかしいことに、僕の中には、あの子があのときこんな行動を取ったという記憶はよみがえってきません。だから、僕にとっての育児参加とは「妻の心を安定させること」と決めるしかなかったのです。

手元にソフトブレーン・フィールド（東京）という会社が行った夫婦の一日の会話時間に関する調査結果（2014年）があります。最も多い27・3％が回答した「10分～30分未満」が僕の現実だったと思います。そのわずかな時間に妻から、とにかく僕の母への愚痴や、子どもに起こった一日の出来事を聞く、聞く、聞く。そして、出張で家を空けるときには必ず電話を入れることを繰り返しました。

家事や子育ては女性であっても、男性であっても、もちろん2人で協力し合っても、いろいろな形があっていいのだと思います。だから、取り立てて「イクメン」が話題になることに幾ばくかの違和感を覚えています。

（2016年6月23日）

文通その8

両親の教育方針

勉強嫌いだった俺 芸人の道、生き抜くぜ 「好きなことしろ」実は無関心？

この親にしてこの子あり。

北村家の子どもたちは誰一人として、おやじを追って医師になった者はおらず、イラストレーターやカフェ経営、芸人と多種多様な職種に就いている。

智より

母親からは「勉強しろ、勉強しろ」と口うるさく言われたが、おやじからはあまり言われた覚えがない。代わりに「好きなことをして生きろ」と言われていた。

勉強嫌いな俺が最初に経験した受験は高校受験。なぜか兄たちは成績が良く、地元で一番の高校へ進学していた。三男の自分には大きなプレッシャーがかかったが、とにかく勉強は嫌いだった。

なぜ勉強しなければいけないのか？ 先生も母も勉強しろと言うけれど、勉強する意味は教えてくれない。塾に行かされたけれど、出された課題をこなすだけで自主的にさらに勉強しようなんて気は起きず、成績は上がるはずもない。

頭を抱えた母は俺に家庭教師を付けた。

今もはっきり覚えているが、俺はあの日、人生最大の後悔をした。

家庭教師の会社の人が家に来て、週何回来てもらうかなどを決めていたときの最後の質問。

「家庭教師は、男性と女性どちらがいいですか」

来たー!! 思春期の男子。考える余地もなく女性に決まっている。

母からも「どっちにする?」と聞かれ、俺は答えた。

「だ……、男性で」。あー!? 何を言っているんだぁ、俺は!

勉強よりも女性に興味があった。もしかしたら家庭教師の女子大生と恋に発展? なんて想像を。だが、頭で思ったのとは別のことを口走ってしまったのだ。あー、あの日に戻りたい。

どんな美人の先生が来ていたのか、なんてバカな思い出である。

その後、男性家庭教師のおかげで邪念の入る余地もなく勉強し、地元で一番ではないが進学校に合格。しかし、勉強嫌いは直るはずもなく、高校へは遊びに行っているだけだった。

子どもの頃は、お金の価値も分からない。親が医師ということもあり、お金に不自由せず、それが当たり前だと思っていた。

だが、自分で仕事を始めてから、お金を稼ぐことの大変さを思い知らされた。

まあ、自分が吉本芸人ってのもありますけどね。何日も相方とネタを作り、ネタ合わせして、舞台で披露。しかし、ギャラはなんと500円！　源泉10パー（％）引かれ450円。交通費にもならないようなギャラでしたからね。

「好きなことをして生きろ」。おやじはこの言葉の後、こんなことも言っていた。

「けれど、好きなことをするのは責任が伴う」

もらった仕事ひとつひとつを感謝して大事にする。それが責任なのでしょうか。自分が選んだ道、人一倍苦労はあるけれど、必死に生き抜いてみせるぜっ！

わが家は格好いい言い方をすれば、いま流行（はやり）の多様性を重んじる家族です。

2番目の息子は香港出身の女性と、4番目の長女はネパール人男性と結婚。5人のうち4人は既に結婚しています。

本コーナーのイラスト担当、長男の北村仁（ペンネーム「チン」）だけは結婚という社会制度によらないまでも、ある女性と一緒に暮らしているらしいことは耳に届いています。「なぜ結婚しないのか」と問い詰めたことはありませんが、「結婚するということは離婚する可能性が出てくる」というもっともらしい回答が返ってきそうです。

結婚の話もほとんどは事後報告に近く、特に国際結婚ともなると厄介な手続きが必要になります。「お父さんここにサインして」と長女に同意書を渡されたときなど、僕の生年月日から年収まで事細かに記入する欄がありました。賛成するでもなく反対するでもなく、サインしたのを覚えています。

「愛の反対は無関心」と指摘されるのであれば、その通りだったのかなと今になって反省しています。

とはいえ、子どもには子どもの人生があるわけで、親としては子どもが熱を出せば看病し、できる範囲ではあったけれど、進みたいという学校の学費と生活費を負担し、その学歴が必ずしも生かされていないいんじゃないか、といら立ちさえするものの、今となっては口出ししても始まらないと開き直っているのが現状です。

「後は君たちがなるようになれ」です。というより、自分の日常生活が忙しく、子どもの人生選択に構っていられないというのも本音です。

以前、「あなたは顔が悪いのだから髪を短くするな」と智に言ったことを書かれてしょげている僕の同居人（妻）に、「智について印象深い思い出はないか」と、次のダメ出しを期待して尋ねてみました。

小学校低学年の頃の「母の日」のこと。智は近くの花屋にわずかな小遣いを持ってカーネーションを買いに行ったそうです。そして「お母さんいつもありがとう」と渡された僕の同居人は、「ありがとう、智！」と言いながら相当強い力で抱きしめた。途端、智は2階の自分の部屋に駆け上がったといいます。

ドアを開けてこっそり様子を見ると、なぜかしくしくと泣いていた。

「どうしたの？」と聞くと、「お母さんがこんなにも喜んでくれるなんて思わなかった」と。

同居人曰く、「あんなに優しい子だったのに、今となっては……」。

（２０１６年９月22日）

家族のだんらんと衝突

父がいる週末、夜更かしの思い出
両親そろう家庭、夢に描いて…

今回は俺が子どもの頃の北村家のルールを紹介したい。
まずは、「週末はお父さんをみんなで迎えに行く！」。
子どもが起きる前に仕事に行き、寝た後に帰宅。週末は地方の講演会で泊まることが多く、ほとんど顔を合わせることがなかったおやじ。だが、「今週末は家に居る！」となると北村家ルールが発動する。

このときばかりは夜更かしが許されたのだ。

普段はとっくに寝ている時間に、みんなで駅まで迎えに行く。決まってその帰りにファストフードで夜食を買うか、本屋で好きな本を1冊買ってもらう。ティラミスを食べに行くなんてことも。月に一度、数カ月に一度の楽しい時間だった。

続いて、「夕飯は必ず家でみんなで食べる！」。

高校生くらいになると、家にいるよりも友達と遊んでいたいもの。学校帰りはいつものように友達と会う。夕飯時になってもみんなは遊んでいるが、俺は「ちょっと飯だけ食ってくるわ」と一度家に帰るのだ。

家族で食事し、また家を出て友達と合流。そんな面倒なルールに最初は特に疑問も不満もなかった。高校生でお金もないし、その方が助かったのかもしれない。

うちはお小遣い制ではなく必要なときに必要な金額を母親に言うルール。

「なぜお金が必要か?」「いくら必要か?」「どうしても欲しい服がある!」といった交渉という名の戦い!(討論会)で勝ち取るのだ。母親の顔色をうかがいつつ挑むが、機嫌が良さそうだと近づいたものの、敗れることも多かった。

だが、徐々に不満も。バイトを始めた友達は、自分の好きな服を好きなときに買い、学校帰りの買い食いも豪華になる。俺はコンビニおでんの大根ひとつなのに、あいつははんぺんまで!

俺の普段の所持金は、飲み物代や、弁当でおなかが満たされなかったときのパン代ぐらいは—と交渉して得た500円程度。高校を中退して働き始めた仲間もいたものだから、お金を持っている友達がうらやましくてしょうがない。

そんな俺は、親を無視して強行突破を図った。事後報告でバイトを始めたのだ。

家で夕飯を食べないことも増え、勉強もおろそかに。そんなある日、雷は落ちました。

アルバイトから帰った俺を待ち受けていたのはたまたま早く帰っていた親父。胸ぐらをつかまれ取っ組み合いの争いに！　もちろん本気でやり合ったら勝てたかもしれないが、親にはどうしたって手は出せない。俺の記憶では人生で2回しか殴られたことはないが、その1回だ。

もう1回は、ある年の母の日。特に何もしなかった子どもたちを並ばせ「母の日なのになぜ何もしない！　俺の女を悲しませるな！」と言って殴られた。

子どもに向かって「俺の女！」。俺には言えないセリフだな。

はいふく

昭和26年2月生まれ、御年65歳（注・2016年現在）。自営業を除き、僕の中学・高校時代の友人はほとんどが退職し悠々自適な生活を送っています。

医師という宿命なのか、いつ退職して余生をどう過ごすかの人生設計を描けていません。今まで長期休暇を取った記憶はなく、働きづめの日々が続いています。

一度、前立腺肥大の手術を決断したときも、「年末でないと時間がとれない」と医師特有のわがままを通しました。そんなゆとりのない生活に辟易（へきえき）してか、僕の同居人は「子どもたちは医者とは結婚させない」と勝手に決め込んでいます。

僕には6人きょうだいの末っ子というもう一つの顔があります。

長女は僕の12歳年上ですから世に言う「貧乏人の子だくさん」の家庭でした。しかも、父親は僕が母親のおなかの中にいる間に他界し、母親は女手一つで6人の子どもを育て上げて79歳で逝きました。

僕の人生における最大の不覚が、そんな家庭環境にあったといっても過言ではありません。父親との接触がなかったことから、こんなとき、父親としてはこう振る舞ったに違いないというイメージが描けないのです。

だから時には雷親父を演じ、時には妻に隠れて息を潜めるなんてことが繰り返されていました。もちろん、大声を出すことがいいとは思いませんし、手を挙げることで父親の権威が保たれるなんて毛頭考えもしませんでしたが……。

僕の早婚の理由も母子家庭と無関係ではありません。母と父のいる家庭を夢見ていた僕にとっては、その実現のためには自分自身がそうするしか方法がなかったのです。その結果かどうか、5人の子どもに恵まれましたが、子どもたちにとって果たしてそれが幸せな人生のスタートとなったか疑問が残ります。

智が今回書いた最後のくだりですが、同居人に聞くと「母の日に子どもたちから何もされないからといって怒鳴りつけたりするはずがないじゃない」と返されました。母親にとっては、子どもが健やかに育ってくれることが最高のプレゼントなのだと。

さて、それなら、智が殴られたことがあるとしたら……と記憶をたどってもらうと、「私に向かってクソババー！と言ったときに、邦夫さんが『俺が選んだ女に向かってクソとは何か』と怒ったことがあったわねえ」と。

僕の記憶からは一切消えてなくなってしまっていることを昨日のことのように覚えている。

男のいい加減さと女性の怖さ。くわばら、くわばら。


（2016年10月27日）

大家族で世渡り学ぶ

口が達者な三男、心中は「今に見てろ」母子家庭の末っ子、人に甘えて育てられ

5人きょうだいのど真ん中、3番目に北村家に誕生した俺。

インターネットで「長男の特徴」を検索すると「責任感が強くしっかり者」「世話好きで面倒見が良い」などが出てきた。

続いて次男。「自由奔放」「ずる賢い」「要領がよい」

そして三男。「自由人」「年長者とも張り合う」「口でうまく乗り切る」「甘えん坊」「聞き上手」

北村家は長男から三男までいるが、少なくとも三男の特徴は見事に俺に当てはまっている気がする。三男ともなると基本的に親は放任。兄のすることや怒られたり、褒められたりする姿を見て育つ。ファミコンをするにも兄たちが最初にやる。けんかをしても力では勝てない。

小さいうちから三男は社会性が身に付いていたのではないかと自分では思うのだ。力では勝てないから口が達者になる、年上でも関係なく社交的に振る舞える、しかし、いつかやっつけてやろうと思っている。人間観察が得意で、その場を調整しながら自分にとって居心地のよい場所にする、などなど。

そして、自分の後に北村家初の女の子が誕生、年子でまた女の子が誕生。どうしたって妹たちに注目が集まる中、三男の自分は強い自己主張をすることもなく、周りを気にしながら生きることになった。どうしたら親はこっちを見てくれるか……。

そんなある日、急に呼吸が苦しくなり、小児ぜんそくと診断された。その後は季節の変わり目やほこりなどで症状を引き起こし、夜は一晩中呼吸がヒューヒューゼーゼー苦しくて眠れない。そんな俺に母は一晩中付き合ってくれた。半分寝ながらだけど背中をさすってくれたり、飲み物を持ってきてくれたり。

あれ、母を独り占めできた？

それからというもの、愛情が欲しくなると、どうやって仮病を使い学校を休もうかと考えるようになった。

風邪がはやる時期は学校で体温検査があり、37度以上あると早退できた。しめしめ、先生にバレないようにこっそり体温計の先を指でこすってやろう。おっと、上がり過ぎちゃった。こんなに元気なのに38・5度はやり過ぎだ。下げなきゃ～！

下げようと体温計を振ったそのときだ。「パリーン！」。机に体温計をぶつけ、先生に怒られたこともあった（笑）。

そして今、三男の特性を生かして芸人に。場の空気を読み、爆笑ギャグを連発……できているかはともかく、甘え上手で口上手な貧乏芸人、お金がなくてもご飯を食べさせてくれる人を探すのがうまく、人の話を聞くのもうまく、気持ちよくお金を払ってもらえるのだ。

しかし心の中では、いつかこの人を超えてやる、やっつけてやるなんて思っている。こんな人間にはご注意ですよ！

恐るべし三男！

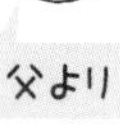

「世渡り上手」を自認する僕に向かって「世渡り」を話題にするなんて、勇気があるなあと笑ってしまいます。

6人きょうだいの末っ子である僕。一番上の姉とは12歳の差があります。しかも、母子家庭ということもあり、貧困を絵に描いたような家庭でした。もちろん、末っ子である僕の子ども時代はまだましだったと、きょうだいからは聞かされています。

「世渡り」その1

貧困生活から解放されるためには、僕にとって高学歴を得ることが最も手っ取り早い方法だと考えていました。小学生の頃は、学期末に通知表を手にすると親戚の家を回って努力の成果を披露しました。

「母子家庭なのによく頑張っているねえ」という褒め言葉とともに、必ず駄賃をゲットすることになります。これに限らず、僕にとっては「母子家庭」であることが世の中から評価を得る近道でした。

「世渡り」その2

会社の社長の子どもが僕の親友でした。別にそれが理由で親友になったわけではありませんが、インターネットで本人確認のための合言葉認証で「小学生のときの親友は」の問いに今も彼の名前を入力するのですからホンモノです。

「鍵っ子」であったことは僕に限らず彼も同じでした。学校帰りに彼の家に寄り道するのが僕の日課。彼の家には僕がいまだ目にすることのなかった遊び道具が所狭しと置かれていました。おやつなども豊富に用意されていて僕の胃は満たされました。しかも、ご両親からは「いつも遊んでくれてありがとうね」と感謝されるのですからたまりません。

「世渡り」その3

「ボスは孤独だ」という僕の勝手な思い込みの結果が今の僕をつくっています。大学時代は病院長室に入り浸り、病院長からは「北村君は、秘書が目当てだったのではないの」とからかわれる始末。嫌な顔ひとつしないで僕を迎えてくれ、毎昼コーヒーをごちそうになりました。そして、生き方の多くを学びました。

今は亡き僕の恩師は95歳で天国に旅立たれましたが、僕はこの恩師に父親を見ていたのかもしれません。恩師のための「お別れの会」を立派にやり遂げたと自負しています。その病院長は定年後、僕の組織の理事長・会長を歴任し、現在、僕が後継者として引き継いでいます。

そんな中で学んだこと。

「人の好意に喜んで甘えることのできる人が、人の悲しいときに手をさしのべられる人になる」

「自分のできることを、やれるときにやれ。代償を求めるのではなく」

この親にしてこの子あり、ではあるが、どうだ、参ったか。

（2016年11月24日）

年末年始の過ごし方

「友達全員うちに呼べ」おやじの号令で大宴会 年頃の男女にお得意の性教育熱弁

この親にしてこの子あり！

おやじは今も元気いっぱいで遊び心があり、「少年のような心」を持っている。俺も受け継いで好きな仕事をして生きている。

年末年始、皆さんはどう過ごしますか？　今は孫たちが集まるようになり大分変わったが、以前の北村家はこんな感じだ。

親元を離れて暮らすようになった頃。帰省したら、地元の友達と遊びに行きたいものだ。一方、仕事人間で年末年始くらいしか休めないおやじは、せっかく子どもたちが帰って来たのに、遊びに行かれたらつまらないのだろう。そう、「少年のような心」を持っているから。

「遊びに行くんじゃなくて、友達全員うちに呼べ！」出たー、毎年恒例のセリフ！

友達連中もおやじが少年のような心の持ち主と知っているから嫌な顔もせず、というか喜んでうちに来るのだ。俺の友達、兄の友達が徐々に集まり、結果的に北村家に20人以上が集まることも。

大変なのは母親だ。おなかをすかせたやつもいれば、つまみが欲しいやつもいる。座る暇もなく食べ物を出し、氷がなくなればコンビニにダッシュ！

おやじはというと、わが子が友達と飲んだり食べたりしている姿を部屋の隅からニコニコ傍観している……わけがなく、部屋の中央に陣取り、わが子の友達が取り巻く中、飲んでいるのだ！

お酒を次から次へと持って来て振る舞う。高いワインや日本酒をただで飲めるから、友達連中もどんどんヨイショする。

「好きなだけ飲め～！　食い物は足りているか？　何が飲みたいんだ？　何でもあるぞ」

どんどん気分が良くなるおやじ。

「焼酎が飲みたいっす！」

「おう、良い焼酎があるから飲ませてやる」と席を立つおやじ。そして俺は見てしまった。

当時手に入りにくかった高級ブランドの焼酎。出そうと瓶を持つが、実はもう空だった。どうするのかと思ったら、その瓶に安い焼酎を入れて持っていったのだ。そして、それを飲む友達。

「う……うまいっ！　めちゃくちゃ飲みやすいですねー」

人間の舌なんてこんなもんだ。高い、希少だと言われて口にすれば何でもうまいのだ。

飲み進めるうちに友達同士の会話も弾むが、少年のような心のおやじは自分中心でないと面白くない。ここで必殺技を出す。

「俺は山田邦子と友達だぞ！（AV男優の）加藤鷹にだって電話できる！　電話したいやついるか？」

「え～、マジっすか！　邦夫さんスゲ～！」

これが年末年始、毎晩繰り広げられる。結局俺は友達といろいろ会話するのではなく、友達と話すおやじにツッコミを入れ、正月は終わっていく。

こうして鍛えた技を生かし、現在こてつのツッコミとして活動中なのだ！

このコラムでも告白済みですが、僕には父親と過ごした記憶がありません。僕が生まれたときには、既に他界していたのですから当たり前のことです。5人の子どもの父親でありながら、こんなとき、父親はこう振る舞っていたというロールモデルがないことが僕の人生における大きな不覚でした。
「理想的な家庭とは、子どもの友人が気楽に集まれる場」と勝手に決め込んでいたのですから、今思えば、たちが悪い。家族だけでなく、騒々しさのために隣近所にも迷惑をかけたことと、この場をお借りしておわび申し上げます。

そんな理由から、年末年始ともなると半ば強制的に3人の息子たちに友人を誘うように命じ、その数の多さを確認してはひとり悦に入っていたというわけです。

そんなとき、長男の仁（本コーナーのイラスト担当）の豹変ぶりには驚かされました。家族と一緒に過ごしているときは寡黙で、完全にひとりの世界にこもっているかのように見える仁が、友人たちとの会話をリードしているではありませんか。アルコールが入ったことも手伝ってか、饒舌そのもの。

子どものことを客観的に評価するためにも、多数の中での自分の子どもの位置を垣間見ることがいかに大切かを知ることとなりました。

仁の友人たちは本人も含めて皆奥手で、つい「彼女はいないのか？ 結婚はまだか？」

とおじさんトークを爆裂させてしまったためか、やがてわが家に寄りつかなくなりました。

三男智の友人は、この僕のことを「智のお父さん」とは言わずに「くにおさん」と呼びます。「俺はおまえらの友人ではない」と腹では思っていました。

「女友達も呼べ」と迫ると、またぞろ集まってきます。僕を除いては、さながら同窓会の雰囲気。1年間にため込んだワインやら日本酒やらを遠慮もせず見事に空にしていく姿を見ながら幸せに浸っていたことを思い出します。

しかも、年頃の男女が集まるわけですから、お得意の性教育が始まるのはご想像の通りです。時にはコンドームを手に口角泡を飛ばしながらの熱弁。知らず知らずのうちにわが家が恋愛相談室となっています。

今、冷静になって振り返ると、子どもたちの世界に入りすぎていたのではないかと反省することしきりです。

僕の子どもたちが巣立ったように、無邪気に「愛」だ「恋」だ「避妊」だと議論していた彼らはどんなオトナになっているのか。どんな父親、母親として振る舞っているのか。

折を見て北村家の大同窓会でもやってみたいものです。


（2016年12月22日）

文通その12

親になって思うこと

わが子はかわいい…親の心、子は知らず
子の面倒見続ける妻に感謝を

自分が親になってみて思うこと。それは、わが子はなぜこんなにもかわいいのか！ の一言だ。

これからどのように育って、どんな大人になっていくのか。どんなことがあっても守ってやるからな！ ……なんて思いは多分、子どもは分かっていないだろう。親の心、子知らずだ！

そりゃそうだよな。自分を振り返ったって、親のことを考えて生きてなんていなかった。自分がいかに楽しく遊ぶかということしか考えていなかった。

親が言うことといったら「勉強しなさい」「宿題はやったの？」「早く寝なさい」「早く起きなさい」。いつも怒ってばかりで、きっと自分のことなんて愛してくれていないのだ―と感じたこともあった。

俺が高校生になったある日、茶髪で大きなピアスを着けた友達が家に遊びに来た。その友達を見た母親はあたふた。友達が帰った瞬間に母親から「なんであの子は茶髪なの？ なんであ

んな子と遊んでるの！」。

　出た〜、ベタなせりふ。「人を見た目で判断すんなよ！」。俺もベタなせりふを返した。

　実際に彼は本当に優しくて良いやつだ！　両親の離婚等もあり、髪を染めてみたり、ちょっとやんちゃしてみたかったりしただけなのだ。けど、その背景まで親は知る由もない。

　さぁ、そこで親になった自分はどうだろう？　こちらが言ったことにすぐに反応しない子どもに大きな声を出してしまうこともある。いろいろと俺も口うるさく言っているなぁ。

　わが子がもし、リーゼントの髪形に短ランにボンタンといった変形の学生服スタイル（時代が違う？）の友達を連れて来たら、俺はなんて言うのだろう？　あー、うるさいと思っていた親と、きっと同じことをしているに違いない。

けど、子どもが嫌いだから怒っているわけじゃなく、ちゃんとした人間になってほしいから……なのかなぁ？　部屋が汚れたら自分が嫌だから、自分が困るから「片付けろ、汚すな」とうるさく言ってしまっているのかもしれない。

親になったばかりの人はみんな「親初心者」。分からないことだらけだ。反省すべきことは、思い返せばたくさんある。親が初心者なら、子どもも「子ども初心者」。子どもは子どもで親のご機嫌を探ってみたり、いろいろ考えてみたりしながら手探りで生きているのだ！

親になってみて思うこと。子の心、親知らずだ！

父より

はいふく

「イチゴ狩りに行きたい！」。つい先だって、大型連休のことでした。同居中の4歳の孫に促されて重い腰を上げることにしました。

やると決めたら、行動が早いのが僕の取りえ。近隣のイチゴ園に電話をかけまくるも、「予約でいっぱい」の声が返ってくるだけ。仕方なく、わが家から1時間ほどかかる予約が要らないイチゴ園に行くことにしました。

「9時40分出発！」と叫んだときでした。同居人（妻）から反撃を食らったのです。「あなたはどうしてそう身勝手なの？　家の片付けが終わっていないじゃないの。洗濯だって……」と。久しぶりのパンチでした。

「僕だって、やることがあるんだ。別にイチゴ狩りに行きたいわけじゃない。孫が……」。つい本音を口にしてしまったのです。

「やりたくないことなんて、やってくれなくてもいいわよ」。そう言われ、険悪な雰囲気が家の中に漂いました。帰省中の娘たちもいました。

気まずさを隠すために仕方なく自分の部屋に閉じこもっていると、ドアをたたく音がして、娘が入って来ました。「お父さん、準備ができたから出掛けるよ」と。

良かれと思った言動が裏目に出ることがあります。自分の思いだけを優先して、周囲をおもんばかる余裕がないからです。

連休が終わる日になって僕はつくづくこう感じました。

「明日からやっと職場に行ける」

しかし、この思いの裏には、以前は子どもから、今は孫から一瞬たりとも解放されることなく時を費やしている同居人への禁じ得ない尊敬の念があります。「何を格好つけて」と笑わないでください。

仕事という大義名分の下、家を離れ、職場で刺激を受ける。仕事帰りには当たり前にアルコールをたしなむ。そんなふうに社会に出て働いている人に比べ、時には、自分の子ども以外との接点もなく、一日を家庭で過ごす子育て中の方々。目を離せない子どもと一緒にいたら、自分のことを考える余裕などあろうはずもなく。しかも報酬はゼロなのですから、割に合わないと感じる人がいてもおかしくありません。

数年前になりますが、民間の育児研究所が行った調査では、半数以上のママが育児ノイローゼを感じたことがある、7割以上のママが子どもを叱りすぎて後悔したことがある――との結果が出ていました。

僕も自戒を込めて言いますが、「わが子はなぜこんなにもかわいいのか」と口にする前に、人知れず子どもの面倒を見続けている妻、子どもにとっての母親の労苦に感謝する気持ちを忘れないように。

（2017年5月25日）

お正月に4家族集合

風邪の娘を看病、感じたお姉ちゃんの「我慢」子育てよりも疲れる孫の心配

正月休みで群馬の実家に帰ったときの話。

上は8歳から下は0歳までの孫、計7人が北村家に全員集合し、ご満悦のジジババ！

長男は不在だったが4家族が集まり、家で食事をするにしても外食をするにしてもひと苦労。洗濯物もいつもの数倍、食事、掃除、子守に大忙しの女性陣を横目に男たちは酒を飲み、宴は毎日続いた。

そんなある日の夕方。

買い物に出かけ家に着くと、うちの娘が車から降りようとしないのだ。

「どうしたの？」「急に眠くなったからちょっと車で寝てから家に入る」とのこと。

家に入れば常にドンチャン騒ぎだし、休まらないと思ったのだろうか。そのまま車に残して俺は家に入った。

しばらくして車に迎えに行くと、顔は青ざめて「頭が痛い」とだけ言う。

とにかく布団に寝かせて休ませ、熱を測ってみると39度超え！

リビングからドンチャン騒ぎが聞こえる中、別室で俺は付きっきりになって冷たいタオルを娘の頭にのせるのだが、すぐに温まってしまうので数分に一度はタオルを交換。首や身体を拭いてあげ、朝方までほぼ寝ずに看病した。

そのかいあってか熱が下がり、朝方には元気を取り戻し始めたのだ。

トイレに行きたいと言うので連れて行き、ジュースが飲みたいと言うので寒空の中、外の自動販売機まで買いに行った。

「もうひと眠りしようか」と声をかけ、俺も布団に入り横になると、娘がギュッと抱きついてきたのだ！ ドキッとする俺。

「どうしたの？」と聞くと「風邪ひいて良かった」。

「えっ？ 何で？」

「だってパパがずっと近くにいてくれたから」

娘は北村家にとって初孫だったので、みんなにかわいがってもらった。聞き分けの良い子で、わがままもほとんど言わない自慢の娘だ。

しかし「ずっと近くにいてくれたから」、この言葉を聞いた瞬間、この子は何か我慢をしている！　と感じたのだ。

聞き分けが良いのではない。聞き分けが良い子を演じているのかも。孫が大集合すると、下の子たちは泣いたりけんかしたりわがまま言ったりしている。自分は8歳で一番お姉ちゃんだからと、何かと我慢していたのではないか。

「お姉ちゃんなんだから我慢しなさい」という子育てはしないようにしてきたつもりだ。だが、娘にとってみたら「いい子だねぇ」「偉いねぇ」と言われるたびにいい子を演じなければ！　とプレッシャーを感じていたのだろう。

聞き分けの良い子ほど注意が必要だ。うちの子はいい子だから大丈夫、なんて思うのは危険信号。幾つになっても子どもは子ども。まだ親には甘えていたいのだ。

きょうだいが多かった俺の場合、親がしっかりと自分だけを見てくれたのは風邪をひいて学校を休んだときくらいしかなかった気がする。

だから、いまだに俺は甘えん坊なのだ（笑）。

正月休みが終わる日、長女（35）がこう尋ねてきました。
「お父さん、67歳になろうというのに、往復4時間の通勤はもうカラダにこたえるんじゃない？」

僕は即座にこう返しました。
「いやいや、まだまだ働けるからねえ。やらなければいけないこともあるし……」と。

「やらなければいけないこと」とは、人工妊娠中絶を手術によって行うのではなく、薬を飲むことによって可能にする方法を日本に導入することです。これを僕は（人生の最期に向けて準備する）「終活」の一つに位置づけているのです。

しかし、口とは裏腹に「明日からはこの騒動から解放されるぞ！」という気持ちが勝っていました。とにかく、年末からの騒ぎにいささか疲れ果てていたからです。

家では、酒を飲んで居間で寝込んでしまうのが関の山で、まったくといっていいほどに役立たないオトコがなぜ疲労困憊（こんぱい）になってしまうのか。

自分の子育てのときにはほとんど気にならなかったのですが、何でも口に入れて、身近にある物を確認している2人の孫などを見ていると「命の危険」を感じることが少なくないのです。

だから、「口に入る小さなオモチャは片付けろ！」と怒鳴り散らしている自分がいます。そう思っ

たら自分で動きだせばいいのにと、周囲は思っていたでしょうが。

北村家の場合、智たち男女5人の子どもに恵まれたわけですが、幼い頃、軽度ではあったけれど交通事故に遭遇しようが、虫垂炎で入院しようが、意外と落ち着いた対応ができていました。

それに比べて孫ともなると、こうも違うのは「ジジババが見ていてくれたのに」と責任を問われかねないこと、さらに孫には北村家だけでなく相手方のジジババもいますし……。

「孫原病」という言葉が話題になっています。「孫ファースト主義」がやがてジジババの心身の健康を損なわせることを意味しています。

内閣府が全国の60歳以上の男女を対象に実

施した「平成25年度高齢者の地域社会への参加に関する意識調査」の結果が手元にあります。「どの程度生きがい（喜びや楽しみ）を感じているか」を聞くと、79・2％が「感じている」と回答し、男性よりも女性の方が多い傾向にありました。

「生きがいを感じている」人では、複数回答を可として全体の48・4％が「孫など家族とのだんらんの時」を第一に挙げており、男女別では女性が55・4％でトップなのに対し、男性は40・7％という結果でした。

男性のトップは「趣味やスポーツに熱中している時」（49・0％）、女性は「友人や知人と食事、雑談している時」（50・9％）、「おいしい物を食べている時」（44・4％）と続いています。

読者の皆さんはいかがですか。

（2018年1月25日）

連載1年が過ぎて

おやじが褒められ、ジェラシー感じる
息子の考えや悩み、初めて知って反省

このコラムを始めて、はや1年が過ぎた。

「コラム読んでいるよ」と声を掛けていただける機会も多くなった。

自分の体験や考えをなるべく赤裸々に語ろうと心掛けている。思春期真っただ中の方、思春期の子を持つ親御さん、いろんな方に楽しく読んでもらいたいと思っている。

「毎月楽しみにしているよ」「面白いねぇ」「お父さんが素晴らしいねぇ」「お父さんは良いこと言っているよね」

ん？　んん？　よくよく聞いていくと、おやじの方を褒めている人がほとんどではないか。

くそ～！

俺にとっておやじは、親であると同時にライバルでもある。思春期の頃、おやじから「どんなカタチでもいい、俺を超えてみろ！」と言われたからだ。そんな言葉をきょうだい全員に言ったのかは分からない。そのせいもあって、きょうだいに医者になる者はいなかったのかもしれない。

おやじが褒められる言葉にジェラシー(嫉妬)を感じている俺の横で、もう1人、俺以上にジェラシーを感じているやつが!

そう、相方の河合(武俊)だ。ほぼ毎日一緒にいて、同じ仕事をしているので、俺がひとりでやる仕事には敏感に反応するのだ。コラムについて「くそ~、家族ぐるみで仕事しやがって~」とねたんでいるのだ。

新聞のコラムのほか、テレビ、ラジオ出演などのおかげで、「こてつ」は長野県内での知名度がだいぶ上がった。ただ、知名度が上がったら上がったで困ることも多々ある。こういう仕事の宿命なのでしょうがないが、一番怖いのはインターネットの書き込みだ。ディスられる(けなされる)のはもちろんのこと、あること無いこと書かれているのだ!

「年収6千万円らしいよ」

そんなにあったらうれしいねぇ。

「資産家で医者の息子。親は長者番付に名前を連ねる強者」

おやじ、そんなに稼いでんのか?

「うちの飲み屋に結構来るけど、大概セクハラのオンパレードだよ」

あー、それは相方です!(笑)

まぁまぁ、好き勝手書かれているが全然気にしないし、芸人としては逆に「おいしい」のでじゃんじゃん書いておくれ。

だが、ネットいじめの問題はどうにかせんといかん。芸人のことは好き勝手書いてもいいが、クラスメートや一般の方をネット、SNS（会員制交流サイト）上でディスるのはやめようぜ！

「5人の子どもがいながら、誰一人として医者としての跡継ぎはいないの？」

しばしば僕に向けられる言葉です。直接、面と向かって言わないまでも、それとなく探られることは決してまれなことではありません。

同居人からも冗談めかして「私の遺伝子のために、子どもを医者にさせられなくてゴメンナサイね」と、訳のわからないことを言われることがあります。が、僕からしてみれば、子どもたちが各人各様の生き方を選んだことを誇らしく思うことはあっても、跡継ぎがいないことを悔やんだことなんて今までに一度たりともありません。僕自身が開業医でなかったことが幸いしていたのかも知れませんが……。

生物学者である団勝磨（かつま）氏（1904〜1996年）は、三井財閥の総帥となった男爵、団琢磨（たくま）氏の

次男として生まれました。父からは跡継ぎに望まれていたのですが、親の七光と言われることを嫌って生物学の道に進んだというのは有名な話です。

限りある人生の限りある時間を、それぞれの立場で最大限に生かすことができたら、それが親の本望なのです。

「どんなカタチでもいい、俺を超えてみろ!」と言えたのは、子どもが同業者にならなかったからかもしれません。でも最近、カフェ経営を広げている次男の給与明細書をのぞき見する機会があり、僕の年収を超えていることを知って相当なショックを受けたのを鮮明に覚えています。

東京を拠点として仕事をしている僕にとっては、「北村さんちのオトコの文通」について読者からの反響を直接耳にする機会はありません。ですが、つい先だって、僕の所に取材に来られた他社の記者から、「息子さん2人と連載できるなんて、ぜいたく極まりないですね」と言われ、改めて「そうだよなあ」と感じ入っています。

思い返せば、智とこんなに真剣に語り合ったことは過去にありませんでした。貴重な紙面を割いていただいて、「こんなことを考えていたんだ。あんなことで悩んでいたんだ」と初めて知ることとなりました。親としては、もっと早くから耳を傾けられていたら良かったなあと反省することしきりです。その意味では、まさに父親失格です。

どんな紙面構成になるのか、長男が僕たち2人のやりとりをイラストでどのように表現するのか。第4週木曜日の朝が待ち遠しく、信濃毎日新聞を東京駅のプラットホームの売店でこっそり購入しているのをご存じでしたか。そのときばかりは、いつもは忘れている「普通の父親」に戻っている自分がいます。智からの次の挑戦を楽しみに待っています。

(2017年6月22日)

Ⅲ お互い選んだ「わが道」 シゴトのこと

それぞれの職業選択

「逃げ続け人生」も、お笑いでついに覚悟 授業料タダの大学!? 医学の道へ

なぜ自分が芸人をしているのか。それは、実は俺がいろいろなことから逃げ続けてきた結果なのです。

今回は俺の「逃げ続け人生」をご紹介。反面教師として読んでくださいね。

高校時代は何も考えずに生活していた俺。大学に行く意味が分からず、専門学校に進学した。受験勉強から逃げたのだ。なんとなく興味のあったファッションデザインの学校へ進学。しかも4年制。どれだけ親に金を使わせたことか!
4年間遊びつつ、勉強もして、周りが就職と騒ぎ始めた頃、俺はまた逃げた!
理由は大阪出身の友人に言われた「おまえおもろいなぁ、お笑いやらへんか」の一言だった。華やかなファッション業界で働きたいと思っていたものの、いざ首を突っ込んでみると自分の思い描いていたものとは違い、地味な仕事がほとんど。だったら、楽しいことがしたい。

散々お金を使わせた揚げ句、急に芸人になると言い出した俺に、おやじは激怒！

「おまえにはもう一切金はやらん！」

当然ですね。そして「これが最後の金だ！」と50万円をくれました。な、なんて優しい親なんだ。そのお金で引っ越し、次の人生をスタートさせた。

住む場所はどこでもよかった。とにかく安いアパートを探し、たどり着いたのが埼玉県の西川口。荒川を挟んで東京と接し、都心へのアクセスもいい。そして知る人ぞ知る埼玉県ナンバーワンの「風俗街」でもあった。

そんな街で吉本の養成所に入る資金をためるため、すぐにバイトを探した。昔ながらの喫茶店の入り口にバイト募集の文字があり、うまいことバイトを始めると、初日で驚きの事実が！

その喫茶店、売り上げの大半は出前。しかもその出前先の9割が風俗店だったのだ。店の名前や場所、入り口を覚えることから始めた。いざ店内に入ると色っぽい声が聞こえてきて、目のやり場に困ってしまうお姉さまたちに出前をする。ここでは詳しく書けないような社会勉強をさせてもらいました。

昼間は喫茶店、夜は日本料理店でバイトをしつつ芸人生活が始まったものの、芽は出ず、ダラダラ時は過ぎゆくばかり。そんなとき、日本料理店のマスターが言ったのだ。

「智くん、今後どうするつもりなんだい。お笑いを続けるのか、辞めて何か仕事を探すのか。

生きてくためにはどんな仕事でもいいんだよ。これで飯を食っていくのだと覚悟を決めて続けることが大切だよ！」

今まで逃げ続けてきた俺の胸に突き刺さる言葉でした。

俺はお笑いで飯を食っていく！　それからは覚悟を決め、お笑いの道を必死に生きているのです。

内閣府の「平成27年度版　子ども・若者白書」によれば、子どもの相対的貧困率は2012年には16・3％となっています。そのうち、大人が1人の世帯の相対的貧困率が54・6％で、大人が2人以上いる世帯に比べて非常に高い水準となっています。

相対的貧困とは大ざっぱに言えば、周りのみんなにとっては当たり前の生活が享受できない状態をいいます。時代が異なっていたとはいえ、母子家庭で6人きょうだいの末っ子であった僕の場合は、間違いなく相対的貧困状態にあったと考えています。

振り返れば、小学生の頃から新聞配達や牛乳配達を続け、奨学金を元に高校を卒業し、多浪生活では新聞奨学生として朝刊、夕刊を配り、セールス、夜警などありとあらゆるバイト生活を経

験しました。趣味ではなく生活のためです。

読者にはとても不愉快な言葉に響くかもしれませんが、貧困から抜け出るには学歴しかないという思い込みが僕をそうさせていたのです。

そんな僕の前に突如として現れたのが自治医科大学でした。

「地域医療に挺身する学生を求む。全寮制で入学金、授業料はタダ。生活費の一部も負担してくれる（卒業後の義務を果たすことが条件ですが）」

僕のためにできた大学だと本当にそう思いました。面接に際して「尊敬している人は」と問われて、間髪を入れずに「シュバイツァー博士！」と答えたのを今もはっきりと覚えています。

面接が奏功したのか運良く合格。1期生としての学生生活が始まりました。1972（昭和47）年4月のことです。

卒業後、僕が選んだのは保健所や県庁で勤務する、いわゆる行政医でした。今の僕は行政を離れ、週に何度かの臨床と執筆、講演、「家族計画」をテーマにした団体の経営者としての責任を全うしています。

この職場での生活は30年目（注・2017年4月で）を迎えますが、自分にとって誤りのない職業選択だったか自信がありません。

父親という手本がないままに子どもを持ち、しかもその数5人。子どもたちにひもじい思いだけはさせてはいけないという一心で働き続けてきました。「自分の未来は自分で切り開け、それまでの準備期間は親としてサポートする」と勝手に決め込んでいました。

その結実が、放送学科出身であるイラストレーターの長男、建築学科を卒業した後カフェ経営にいそしむ次男、ファッション学科出身の吉本芸人の三男、そして、長女、次女と続いています。

智から以前向けられた言葉「（親父が提供してくれた）金が俺をダメにした」という言葉が、ぐさりと胸に刺さっています。

（2017年2月23日）

学生時代を振り返る

舞台で笑い取れず…芸人の根性学ぶ
結婚、退寮…周囲の支えで卒業

今回は、俺が入った吉本興業の芸人養成所（NSC）について。

NSCにはいろいろな人が入学する。中卒、高卒、大卒。エド・はるみさんのように社会人経験者も。

入学当初は誰もが自分が一番面白いと思っているのだろう。

「全員がライバル、強がりのぶつかり合いだ」「なめられてたまるか！」とヤンキーのようなサングラスを掛け、登校した俺。

だが、そんな強がりも一瞬で消え去る。自分も含め学生時代のクラスの人気者やお調子者たちがたくさん集まっているが、いざ舞台に立ったら、笑いが取れないのだ。

そりゃそうだ！　今までは仲間内で騒ぎ、笑っていただけなのだから。

一方、同期のハリセンボンのようにひっそりとクラスの隅でおとなしくしているやつが舞台に立つと大爆笑を奪う、なんてことも。今まで感じてきた「面白い」を覆されて愕然とし、何が面白いのか分からなくなる。

そんな中でNSCは何を教えてくれたのか。

毎日嫌になるほど言われたのは「あいさつはしっかりしろ」「おまえらは売れない」「さっさと辞めろ」。

今も忘れない「2C—45番」。俺の番号だ。学生番号みたいなもので、うちらは数字で呼ばれた。「2C—45番！」「はい！」。牢獄かよ⁉

振付師ラッキィ池田さんのダンスの授業では、卑猥な言葉を大声で叫びながら踊らされ、発声練習の授業ではサングラスを掛け竹刀を持った先生がいた。

「ネタ作り」の授業はないが、「ネタ見せ」の授業はある。ネタを作ってこなければ人がネタ見せしているのを見るだけ。

4月に何百人もいた生徒は、1年後の卒業の頃には半分以下。その後もいろいろな理由で辞め、現在、同期の芸人は10組以下だろう。

どうですか。ひどい学校だと感じましたか。

でも、そうじゃないんです。NSCが教えてくれたのは、羞恥心を捨て、根性を据える。自主性を持つ。「それくらいの覚悟がなければ芸人はできない」「誰にでもできることではない」という吉本の愛情なのでしょう。

楽な仕事なんてもちろんない。けれど、こんな環境の中、生き残っている芸人の根性は半端ないです。

「おまえらつまんねえんだよ！」「なんか面白いことやれよ！」「オイ！こてつ～～」とばかにした感じで言われるのも日常茶飯事ですが、何とも思いません。

そういうことを言うやつより、自分は確実に努力してきたからです。俺は覚悟を決め、羞恥心を捨て、根性を据え、ここにいるのです。

まけへんでぇ～～～!!

僕には母校の自治医大で第1号が四つありました。結婚、全寮制を乱した、第1子、第2子の誕生。結婚を理由に寮を出たいと申し出たときは、教授会で夜遅くまで、寮の規則と日本国憲法第24条の結婚の自由を巡って議論されたと聞いたことがあります。

学生結婚に憧れていたわけではありません。学業と結婚生活の両立は容易でないと知っていたつもりでした。幸か不幸か、高校を卒業して以来、経済的な援助を親から期待できなかった僕の場合、体力と気力さえあれば、生きることは難しいことではないことを肌で感じ取っていたものですから、一人で生きることも二人で生きることも一緒だと楽観的でした。

結婚後の結果として僕の同居人（妻）が妊娠もしましたが、慌てることはなく、「どうにかなるさ」という捨て鉢な気持ちもありませんでした。

「産めばなんとかなるさ」では子どもは産めません。産むことは育てることであり、育てることは共に生き抜くことです。幸いにも子ども好きな女性が近くに住んでいて、昼間の育児を任せることができました。

学生にもかかわらず、僕たちは庭付きの一軒家に住んでいました。もちろん、初めからそうだったわけではありません。隣近所の人たちを巻き込んでの「自分たちで健康を守る会」の結成がきっかけでした。

アパートの大家さんを会長にして始まったこの会には、「自治医大生動く！」とばかりに、マスコミが殺到し、大家さんは一躍時の人となりました。小さなアパートの一室で行う相談活動や勉強会はスペース上無理だと察してか、家賃を上げないことを条件に大きな一軒家を提供されたのです。目覚めると庭に取りたての野菜が置かれているのを見つけ、人の優しさに触れました。「自分のやれることを、やれるときにやれ。代償を求めるのではなく」を信条としていた僕には貴重な体験となりました。

数十万円が記帳された貯金通帳を知り合いから渡されたときにも感動しました。医師国家試験の勉強に専念しなければならない追い込みの時期。アルバイトと学業との両立にも無理が出始めてきた頃でした。

「出世払いでいいから」と差し出された通帳と印鑑。「人の好意に喜んで甘えることのできる人が、人の悲しいときに手を差し伸べられる人になる」というのも僕の好きな言葉の一つです。

僕の卒業式の日。生まれたばかりの次男を背負い、長男の仁の手を引いて同居人は出席しました。3年半にも及んだ学生結婚の卒業式です。既に2歳になっていた長男は、僕の名前が呼ばれて卒業証書が渡されるそのとき、「おとうさん！」と僕を呼んだのです。

（2017年3月23日）

お金と将来の不安

親と同じ仕送りできるだろうか「金が俺をダメに」…その真意は？

親から当たり前にしてもらってきたことが、自分にはできるだろうかと、不安になることが多々ある。当たり前に衣食住がそろっていて、何不自由なく生きてきた。当たり前に高校に進学し、俺の場合は専門学校へ行き、上京して仕送りをもらっていた。

学費、アパート代、食費、光熱費、細かく言ったらほかにもいろいろあるが、合計したら仕送りは相当な額になる。

そう、今回のテーマはお金。それと将来の不安についてだ。

ボーナスがない俺のような職業。しかも吉本興業（！）の事務所にほとんど持っていかれ、芸人にはちょっとしか入ってこない。以前、東京でネタ番組に出演したとき、フリーの芸人とギャラを比べたら10分の1だった！　ずいぶんと持っていきますねぇ、吉本さん。働けど働けど暮らしは楽にならず。毎月火の車だ！

子どもが上京してアパート代の仕送りをしたものなら、こちらの生活費が無くなってしまう。こんな不安を抱えている親は少なくないと思う。

年金、医療費、さらに教育格差。国や社会が面倒を見てくれることはないのか！ なんて嘆いてもどうしようもないね。

先のことが気になる方、一緒に別の考え方をしてみよう。お金があって、遊び回って不摂生をして病気になっても、お金で健康は買い戻せない。だったらまず健康に気を使おう！ お金はかからないし、医療費の節約にもつながる。

子どもの教育費が不安なら自分が勉強しよう！ お金を使って塾に行かせるのではなく、自分が教えよう。勉強にお金はかからないし、自分のためにもなる。

他人と比較しない！ 比べるから不安になる。自分は自分。不安な人は収入が倍になっても不安は消えないだろう。

先の心配をするよりも、今できることをやる！ 自分のスキル（技術）を高めていけば不安も少なくなっていくだろう。

自分に自信がないから不安になるのだ。一生懸命、今できることをしていれば不安を感じている暇もなくなる。

考え過ぎず、不安にならず、安心して生きよう。自分に見合った生活でいいじゃない。理想を高く持つことは良いこと。しかし、持つだけでは意味がない。具体的に動け!!って、偉そうに言っていますが、自分に言い聞かせているんです（笑）。

以前、智からわれわれ夫婦に向けられた「（おやじが提供してくれた）金が俺をダメにした」という言葉が脳裏に焼き付いています。

5人の子どもを産んだ親としての責任感からか、子どもファースト（第一）で生きてきました。今になって「犠牲」などと使ったら、子どもの立つ瀬もないでしょうから、あえて申し上げませんが、留学の機会を逸してしまったのは悔やまれます。

貧困な少年時代を経験してきたからこそ、せめて子どもたちにはお金の苦労をさせないように心掛けてきました。30年ほど前、今の職場に転職した理由にも家計を圧迫する養育費の問題がありました。

そんなとき、決まって「これは将来に向けての投資だ、財産だ」と自分に言い聞かせてきました。

医者仲間が高級車を乗り回している姿を横目で見ながら、「5人の子育てにかかった経費を試算すれば御殿が建つね、車が買えるね」と夫婦で慰め合ったことが何度となくあります。でも、そ

れもこれも人に求められたわけではなく、自分が選んだ道なのですから当然のことです。

僕が現在の勤務先である日本家族計画協会（東京）の門をたたいたのが1988（昭和63）年4月のことでした。

1954年に協会を創設した今は亡き国井長次郎会長に初めてお会いしたとき、「金を求めるのではなく、世のため、人のためになる仕事を自分なりにやっていけ」とげきを飛ばされたのを覚えています。「金は後から付いてくる」と。信用を勝ち取ることができれば、必ずチャンスが生まれるというのです。

阪急グループの創業者である小林一三（いちぞう）氏の名言集にも金にまつわるこんな言葉があります。

「金がないから何もできないという人間は、

金があっても何もできない人間である」

だからなおのこと、「金が俺をダメにした」という言葉が気になっています。

子どもの人生選択に制限を加えることは僕の本望ではありませんでした。地元に残りたいという娘2人には、都会に出て羽ばたけとは言いませんでしたし、東京での学生生活を求めた息子たち3人には最大限に支援したつもりです。

仮にあのとき、「東京に出す経済力はない!」と智に言い放ったら、おそらく吉本興業との関わりはなかっただろうと思います。

「こんな生活を送ることになったのは親のせいだ」と言いたいのか、それとも、「親の経済力に甘えて、努力が足りなかった」と反省しているのか、一度、そのあたりの真意を聞かせてもらいたいものです。

(2017年8月24日)

文通その19

仕事と生活を選ぶ

自由で楽しい芸人、サラリーマンは…生き方はさまざま、責任負うのは自分

はいけい

春。新生活スタートでワクワクしている方々もいるが、サラリーマンにとっては人事異動の時期でもある。俺が出入りさせていただいているテレビ局などでも辞令の通知書が張り出されていた。

単純に感じたことは「サラリーマンは大変だなぁ」だ。もちろん、うれしい辞令の方もいるだろうが、中には辞令が出た数週間後には東京や大阪へ引っ越しをしなければならない人もいる。単身でもいろいろ大変なのに、既婚者であればなおさらだ。

嫌がらせじゃないのか？ と思うような辞令があることもよく耳にする。

新婚で奥様が妊娠、間もなく出産っていうときに転勤。家を購入、完成間近で転勤。完成した家に住むこともなく。恐ろしいシステムだが、いろんな部署を経験して仕事のスキルアップにつながる大切なことなのだろう……か？

辞令が出た方に聞いてみたことがある。

「東京への異動うれしいの？」

「うれしくないです」
「断れないの?」
「サラリーマンですから(……ため息)」
それに比べ、芸人なんて自由なもんだ！ 異動もなければ、わがまま言い放題(笑)。

さぁ、一体どちらの生活が良いのか？ あなたなら、どちらを選びますか？

某テレビ番組を例にすると、われわれ芸人は午後1時に現場入り。打ち合わせ、メーク、リハーサル、本番、6時には仕事が終わる。一方のスタッフさんは何週間も前から準備、ロケ、編集、台本作り、打ち合わせに次ぐ打ち合わせ。毎日、朝から晩まで仕事をしている。

東京に行ったときに、より強く感じることは、電車に揺られているサラリーマンの顔がみんな〝死んでいる〟のだ。そりゃ、ニコニコ笑いながら電車に乗っているのも気持ち悪いが……。「仕事楽しいですか?」と、アンケートをしてみたいものだ。

それに対し、芸人の仕事はとにかく楽しい。仕事行きたくないなぁ~なんてことは全くない。仕事の現場は常に笑顔でいっぱいだ。


しかーし! サラリーマンは会社に守られているから、面倒くさい、嫌だなぁと思いながら、怒られながらでも、仕事をこなしていれば給料がもらえる。ボーナス、社会保険、安定した雇用がある。

それに比べ、芸人は完全歩合、しかも、うちらはブラック企業(?)の吉本興業! 働けど働けど暮らしは楽にならず。ボーナスなんてもちろんない。社会保険なんてもちろんない。

安定した雇用? 1年後、いやいや明日どうなるかも分からないのだ。

さぁ、どうだ? どっちの生活が良いですか?

俺は……げっ…げい…! くぅ~、やっぱりボーナスとか、うらやましい~(涙)。

毎朝5時頃には起きて、トイレを済ませ、ひげを剃り、風呂に入り、朝飯を食べ、6時35分になると家を出ます。

両毛線駒形駅発6時45分の電車に乗り込み、高崎駅へ。7時13分発の東京行き上越新幹線「Maxたにがわ300号」の5号車両の通路側に席を確保しての通勤です。ラッシュアワーを物ともせずに、総武線・中央線に乗り換え、飯田橋駅で下車。市ケ谷までの1駅を歩く——。

このような通勤生活が間もなく31年目を迎えようとしています（注・2018年3月現在）。時間はまちまちですが、遅くとも午後10時くらいには帰宅と相成ります。

これがサラリーマンの姿です。「役員のくせにサラリーマンはないだろう」とおっしゃる方がいますが、格好いい言い方をすれば、スタッフに範を垂れることが大切だと思い込んでいて、この通勤姿勢を変えたことはありません。

進学した自治医科大は、卒業後9年間、知事が指定する職場で働くことを条件に、入学金や授業料などを免除されるという特殊な大学だったものですから、義務年限の期間は、基本的に職場を選択する自由はありません。そんな中、僕の場合は、群馬県の保健所や県庁での勤務が続きました。

卒業後10年間が過ぎたところで、一念発起、東京に就職先を見つけ、現在の職場である日本家族計画協会で勤務することが決まりました。転身を考えた最大の理由は、当時12歳を筆頭に5人の子どもたちを育てるには、経済的な不安を抱かずにはおれなかったからです。

42歳の長男から、もうすぐ34歳になる末娘まで、格別健康を害することなく今日まで育ってくれたことが何よりも幸いなことです。

僕の同居人（妻）は「公務員がいいよ」「土日が休みになって子どもたちと遊べる仕事に就いてほしい」などと、月給取りや平日勤務を礼賛するメッセージを子どもたちに送っていましたが、男3人はことごとくあろうにサラリーマン人生を選択していません。

「子どもたちに無関心だったからではないの?」と言われてしまえばそれまでですが、僕自身はと言えば、自分のことを考えるのが精いっぱいで、彼らの職業選択に口を挟んだ記憶はありません。自分が良かれと思って選んだ道であれば、どのような結末が待っていようとも納得せざるを得ないと信じているからです。

家族のために懸命に働き続ける、仕事で得た収入を資金源に趣味の世界を広げる、年休や代休を上手に利用して海外旅行をエンジョイする―など、働く人の生き方はさまざまです。

サラリーマンを選ぶのか、それとも自営業の道を探るのか、それを決め、その結果責任を負うのは、取りも直さず智自身なのです。

（2018年3月22日）

信毎「私の声」の集いに参加（2017年11月23日）

親子の本音トーク、終始おやじペース

先日、「信毎『私の声』（注・信濃毎日新聞くらし面の投稿欄）の集い」で、「親子の本音対談」をさせてもらった。

対談をすることが決まり、おやじが俺に言ってきたことは「自分の紹介VTRを用意しろ。それをドーンと会場で流してから登場だ！」。

いやいや、そこ⁉　内容をどうするとかではなく、そこ⁉　結局、当日まで話す内容について連絡、打ち合わせはなかった。

俺の紹介VTRは、以前ライブで使ったものを少し編集して流した。一方のおやじの紹介VTRはというと、壮大な音楽に乗せて著名人とのツーショット写真などをスライドショー。そしてこんな文字も。

「婦人科医として一人の男が息子の挑戦を受けた」

「は？　挑戦？」。そして「ついに親子トークライブが始まる」と続いた。

「なになに、何かが違うぞ。トークライブ？　挑戦？　これは戦いなのか？」

ＶＴＲ後、２人で登壇。ゆっくりと椅子に座り、おやじがしゃべり始めた。悠々たる口調で静かにスタート。調子狂うなぁ～。

俺の仕事はお笑い芸人だ。テレビ、ラジオ、イベントなどに出演している。ステージでは「どーもーー」とおなかから元気よく声を出して登場する。とにかく元気のよさでお客さんの心をつかんでいくのだ。

おやじ、大丈夫か！　という不安もつかの間、会場でおやじは来場者と絡んだり冗談を交えつつ話を進めたりして、あれよあれよと心をつかんでいったのだ。

負けていられないと、俺も冗談を交えつつ笑いを誘ったものの、会場は既におやじの空気になっていた。クソ～悔しい!!

隣でしゃべっているおやじが、まるでベテランの落語家のようだった。医師としての知識もあり説得力もあり冗談も交える。俺はといえば確かに冗談は言える。しかし、何か特化した知識はない……。俺には一体何があるのだ？

その日は終始おやじのペースだった。悔しい。この対談は戦いだった。親子トーク対決だった！

その晩、俺はおやじにメールを送った。

「きょうは完全におやじのペースに持っていかれました。完敗です」

おやじからの返信は一言「老獪（ろうかい）と言ってくれ」。

「ろうかい？」。意味が分からず、すぐに調べてみた。

「経験を積んでいて、悪賢いこと」

幾つになっても学ぶことの大切さ、経験こそ財産だ。継続することの大切さをこの日は学んだ。おやじ、ありがとう！

会場では、やや派手目ないでたちでしたが、妙に明るい女性が前の席を陣取ってくれていて、進行役としては助かりました。拍手も大きく、笑い声も目立ち、納得のうなずきもことのほか大振りでした。

日頃、僕の講演を聞いてくれる人の大半は一見（いちげん）さんです。講演がうまくいくかどうかは、ご自身の意志で参加されているのか、それとも中高生のように学校から半ば強制的に聞かされているのかを事前に確認できるかにかかっています。それによっては、つかみも、講演の進め方も工夫が必要になるからです。

今回お招きを受けた「信毎『私の声』の集い」は、言うまでもなく前者の方々です。集いの冒

頭にもかかわらず、マイクを向けた参加者の男性の一人は、堂々とご自分の意見を述べておられ、「きょうは反応がいいぞ」と安堵したものです。

対談相手の息子は、2011年から、よしもと「長野県住みます芸人」として活躍する機会を与えられているわけですから、知らない人はいないでしょう。ですが、僕など、信濃毎日新聞の連載「北村さんちのオトコの文通」で「はいふく」を書いているとはいえ、「どんな顔のやつが現れるのか」と、きっと好奇の目で迎えられるに違いないと勝手に思い込んでいました。

だから、失礼な言い方になりますが、地味目な長野県人が度肝を抜くようなオープニングにしようと、「親子対決」の映像を流すことを決めたわけです。

参加されなかった読者の皆さんには想像すらできないとは思いますが、「よくもまあ、あそこまで自己ピーアール満載の映像を制作したなあ」という、そんな代物(しろもの)です。「地味目な長野県人」、これは長野市芋井出身である僕の同居人（妻）からイメージした長野県人の姿なのです。

われわれ2人に向けられた質問は多岐にわたっており、「〝こてつ〟の名前の由来」から「浮気の是非」や「夫婦げんかの仲直りの仕方」まで。難題は、質問をお寄せいただいた方が、目の前にいらっしゃって、いいかげんな応答をしようものなら心を傷つけてしまいかねないことです。

現在、息子とは「オトコの文通」だけの交流しかありませんが、丁々発止のやりとりでも笑いを取れたのは、親子という気楽な関係があったからこそだろうーと勝手に思い込んでいます。

交流会にも参加することになりました。「私の声」欄に投稿する方々だけあって、質問も単刀直入で受け答えにもやりがいがあったことを申し添えておきます。

智は「おやじを超えることが俺の目標」とよく口にしていますが、父としては、まだまだ息子に負けるわけにはいかないのです。

（2017年12月28日）

参加者とのやり取りを交えながらにぎやかに
繰り広げた北村家の親子対談
（長野市の信濃毎日新聞本社）

息子と父の本音対談

２人が分かれて参加したフリートークの交流会。
智を囲んだグループは家庭内の性教育や結婚し
ない一人息子への悩みが話題に

Ⅳ とっても大事な カラダの中、シモの話

健康診断を受けて

問題は肝機能…「休肝日」と言われても女性看護師、小学校での講演を記憶

先日、人生初の健康診断に行ってきた。

芸人であるわれわれのような個人事業主には、会社員のような定期的な健診がない。それと、幼い頃からおやじによくこう言われていた。

「病院は金で安心を買いに行く所だ」と。(医者がこんなこと言って良いのか?)

そりゃ、病院に行かなければ治らない病気やけがもあるが、ちょっとしたことなら気合で治せる！　と、北村家の子どもたちは病院に連れて行ってもらうことが少なかった気がする。そのせいもあり、風邪や何か不調があっても病院に行く癖がなく、いつの間にか病院嫌いになっていたのだ。

しかし、いい年にもなり周りから促され、やっと腰を上げて健診に行くことを決意。病院は早く行かないと待たされると聞いたことがあるので、病院のホームページで外来の受付時間を確かめた。

当日、受け付け開始の数分後に到着すると、待合所は既に、入居者がたくさんいる〝大人気の老人ホーム〟状態。お年寄りで埋め尽くされていた。わいわい、がやがや! この人たちは外来患者のプロだ。病院はお年寄りの交流の場でもあるのだなあと感じた。

2時間近く待たされ、やっと健診が始まり、まずは血圧。きれいな女性の看護師さんが測ってくれたおかげか、ちょっと高めで、上が147だった。

続いて久しぶりの注射、採血だ。全然大丈夫だと思っていたのだが、いざ針先が右腕に近づいた瞬間、直視できず目線は斜め下へ。左手は自分の太ももを思いっきり握りしめ、思わず「ううっ!」と、か弱い声がもれてしまった。

身長(174・6センチ)、体重(71・8キロ)、そしてウエスト周り(82・0センチ)を測った。そのとき、俺の前に座った看護師さんが俺の腰に手を回し、上目遣いで「こてつさんですよね?」「はっ……はいっ」。このタイミングで、ドキドキするわっ!

そして、今まで健診をサボり続けた俺の結果だが、中性脂肪、血糖値、貧血、腎機能は全くの問題なし。問題なのは肝機能だ! 見事に基準値のダブルスコア(2倍)以上の数値をたたき出し、医療機関を受診するようにと勧奨判定。お酒大好きな俺、毎日の晩酌がたたったのだろう。

曜日を決めて「休肝日」をつくりなさいとのことだが、嗜好品はやめられないよねえ。このコラムを書いている今現在も、もう飲みたいと思っているもん。

とにかく健診は大事だなあと、感じることができたことは人として成長できたかな?

健診と言えば、子宮頸がん予防啓発プロジェクト「愛は子宮を救う in 長野」で、「子宮を救い隊長」を務め、イベントでは司会もさせていただいているわれわれ、こてつ。

子宮頸がんは女性特有の病気だ。定期的にがん検診を受けることで早期発見しよう!

はいふく

「医者の不養生」という言葉がありますが、自分のことは言うまでもなく、日頃から自分の家族の健康状態に気を配るのは難しいことです。婦人科を掲げる僕のクリニックに患者として受診した家族は、妻、娘、息子の嫁を含めても誰一人としていません。7人の孫についても、小児科に関連した病気が疑われても、僕に頼るより先に、かかりつけの小児科を受診するのが当たり前。

そんな中で、智の肝機能については以前から心配はしていました。実家に帰ってきたときのアルコールの飲み方を見ていると、さもありなんという結果が出て、〝ひと安心〟。よほどのアホでない限り、健診結果を踏まえて生活習慣を考え直す良いきっかけになるに違いないからです。

ところで、今回、僕が智の手紙で注目したのは、「こてつさんですよね?」と看護師に指摘されたという箇所です。同じような体験があったなあと懐かしく振り返っています。

僕の場合、毎年4月に人間ドックに入っていますが、今から10年ほど前のことでした。前立腺がん、前立腺炎、前立腺肥大があると異常値が出るPSA(前立腺特異抗原)の値が高くなったのです。基準値の血中濃度は1ミリリットル中4ナノグラム(ナノは10億分の1)ですが、それが5・6に。「がんかもしれないぞ。善は急げ」とばかりに日帰りの精密検査入院をしました。

検査結果が出た2週間後のことでした。入院先の個室でくつろいでいると、「担当の看護師です」と入ってきた女性。聞けば23歳だそうで、僕の顔を見るなり、「私、北村さんの性教育を受けました」と言うではありませんか。「どこで?」と返すと、「新潟県糸魚川市の小学校。私は5年生でした」。

わずか50分間程度の性教育であるにもかかわらず、10年以上前の出来事を覚えていたとは、僕の顔、いや僕の講演はそれほどまでに印象的だったのだろうかと、一人悦に入っていました。

「どんな内容を覚えているの?」と尋ねると、即座に返ってきたのは「持ち物よりも持ち主というメッセージ。男子にはペニス、女子にはおっぱいを例に、そう強調していたことが印象的で」と。

男子よ! ペニスが小さいからといって卑屈になるな、「持ち物よりも持ち主だ」。確かにそんなことを口にしていたはずです。

その後、何が起こったか?

精密検査では、ぼうこうにおしっこがたまらないような措置を取る必要がありました。

「北村さん、(管を使って尿を出す)導尿をしに来ました」と再度姿を現したその看護師を、僕が拒否したのは言うまでもありません。

だって、「持ち物よりも持ち主」と自分に言い聞かせていたのがバレてしまうのは明らかだったからです。

「担当医を呼んで」と求めると、「北村先生、何十年ぶりかの導尿だよ」と渋々応じたのはこの分野では著名な名誉教授。

結果は前立腺肥大とのことでしたが、有名人はつらいよ!


(2017年11月23日)

文通その27

おねしょの思い出

やらかす不安、修学旅行は…寝ない
今になって知る…母親にもストレス

北村家の恒例行事、「夜の小移動」をご紹介しよう。

俺たちきょうだいは小さい頃、子ども部屋と呼んでいた大部屋にそれぞれ布団を敷いて寝た。二段ベッドの頃もあったなぁ。

睡眠に入った子どもたちは数時間後、頭の位置が180度回転し、また睡眠に入る。さらに数時間後、今度は別の部屋で寝ている親の部屋に侵入し、親の布団に潜り込む。1人、2人、3人……と増え、親の隣を確保する者、足元から潜入する者、各方向から子どもたちが潜り込み、最後は布団の中で全員の足や身体を絡み合わせて寝るのだ。

だったら最初からみんな一緒に寝れば良いのでは？　と思う方もいるかもしれないが、勘のいい方ならお気づきだろう。みんなで寝たいわけではないのだ。気持ちよく眠れる所を探し、さまよい、親の布団にたどり着くのだから。

回りくどい言い方をしたが、そう、北村家は〝おねしょ軍団〟だったのだ！

名誉のために言っておくと、妹たちはそうでもなかったという記憶がある。男連中はひど

かった。

自分の布団でまず1回目のおねしょ、頭の位置を変えて2回目のおねしょ、自分の布団で冷たさを感じないで眠れるスペースがあれば、そこでどうにか寝る。が、そこでまたやらかしてしまうと、もうお手上げ！　親の部屋へと移動し、親の布団でもやらかす強者もしょっちゅう現れていた。

いったい一晩に何回やらかしたら気が済むのか。しかもそれは小学校高学年、いや中学校まで続いたのだ！

おちんちんとトイレをホースでつなごうか、と本気で悩んだこともあった。友達の家にみんなでお泊まり会なんてこともあったが、みんなが寝静まる頃、親に迎えに来てもらったこともある。

一番不安だったのが修学旅行などの学校行事だ。

事前に学校からアンケートがあり、「おねしょの不安がありますか？」という質問にはもちろん〝イエス〟。その子たちは夜中こっそり先生が起こしに来てトイレに連れて行ってくれるのだが、俺は不安だった。

そこで実行したのが、とにかく寝ないこと。そのせいで1泊、もしくは2泊の旅行から帰ってくるとグッタリ。家で死んだように爆睡し、安心して大量のおねしょをするのだ（笑）。

今考えると、毎日の布団干し、洗濯の量、母親の苦労は半端なかっただろう。天気の悪い日は布団乾燥機を使って対応する。いくら乾かしたとはいえ、毎晩のおしっこがしみ込んだ布団だ。

ある日、年に一度会うか会わないかのいとこのお兄ちゃんに言われた。

「おまえん家来るといつもしょんべん臭いんだよな!」

はいふく

父より

今回のおねしょの話を読みながら、知らず知らずのうちに、「おもいでのアルバム」（増子とし作詞・本多鉄麿作曲）を口ずさんでいました。

「いつのことだか　おもいだしてごらん　あんなことこんなことあったでしょう」

智からの「はいけい」は、子育てのいろいろを思い出させてくれています。しかし、恥ずかしながら、記憶がはっきりしないのです。育児に非協力的だった証拠で、父親失格ですね。

仕方なく妻に尋ねると、出るわ出るわ。おねしょ騒動が、子どもだけでなく、母親にもストレスの大きな原因になっていたことが分かります。

おねしょの気配があると下着や敷布団に置いたアラームが鳴る装置を購入したこと。2階のベ

ランダにボロボロになった布団を干すにも、周囲の目を気にしていたこと。だから、長野の実家からは義母手作りの布団がしばしば送られてきたこと。

修学旅行に出かける際、裏から担任と連絡を取って起こしてもらうように頼んだこと。そんなことを知ってか知らずか、子どもは帰ってくるなり「おねしょしなかったよ」と誇らしく訴えていたこと、などなど。

ここで白状しますが、僕自身も〝おねしょ大王〟だったようです。記憶をたどれば、中学2年生が最後だったかと。

だから、僕に精通（初めての射精）があったときに、「おねしょかどうか判断できなかった。おねしょであれば、パンツを裏返して尻で乾かせばごまかせるのに、そのときばかりは、ゴワゴワして異様な感じだった」という僕の「ヰタ・セクスアリス」(森鷗外の小説名、性欲的生活の叙述)がスタートしたのです。

二十数年前に亡くなった僕の母は、そんな僕を見かねてか、いつもこう声を掛けてくれていました。

「気にすることないんだよ。お天道様がいらっしゃるから布団は乾く」と。

でも今回、おねしょが現在の小児科領域でどう扱われているかを確認すると、「気にすることないんだよ」との指導は誤りである、という記述が多数見受けられました。

5、6歳を過ぎてもおねしょが続くようならば、夜尿症として検査や治療が必要になること。夜尿症は、子どもの自尊心を傷つけるだけでなく、親にとっても精神的な負担感が強いことなどが挙げられていました。寝る前にトイレに行く、夕食時の水分はできるだけ控える、塩分制限や冷え対策など生活指導が重要だと。

親としては「起こさず、叱らず、焦らず」が原則。悩まれている読者の方、一度、相談を受け付けている医療機関を訪ねてみてはいかがですか。

(2018年4月26日)

おしっこの流儀

跳ね返り感じて「座りション」派に 男の子、する前に手を洗おう

肩幅に足を広げ、左手は腰へ、右手は股間へ。大空に向かって「ズバババババババ〜〜!」。

この草むらを……いや、世界を支配したかのような爽快感。男の特権。そう「立ちション」だ! 子どもの頃は遊びの途中、友達とどこまで飛ばせるか争ったりもした。長野県のような雪国では、雪の上に黄色い文字が書かれていたのでは?

県内のあるご家庭に、仕事でお邪魔させていただいたときの話。取材途中、トイレをお借りすることに。古いが立派で広いお宅だなぁ〜と思いながらトイレのドアを開け、中に入ろうとすると、後ろから「あの〜」と声が。振り返るとご主人がいた。「どうしました?」と尋ねると「座ってやってもらってもいいですか?」「え?」「妻に怒られるので」「あ〜、分かりました」。

その家のルール&夫婦の力関係という、二つを同時に知ることに。「座ってやる派」だった俺は抵抗もなく洋式トイレで用を足した。

一人暮らしを始めた20代前半、家の中ですっぽんぽんで過ごすこともあった。そのまま立って放出すると、あらら。膝やスネの辺りに尿の跳ね返りをものすごく感じた。気付かなかったが、この跳ね返りをズボンに、そしてトイレの周りに飛ばしていたのかと思ったらゾッとした。それ以来、俺は「座りション生活」となったのだ。今は立ってする人が理解できない。

便器の前に立ち、狙いを定めて放出しても命中率は100%ではないはずだ。時にはピュッと最初の数滴を外すこともあるでしょ？ 終わった後は搾る派？ 振る派？

男のホースなんて信用ならない。水滴がどこへ飛んでいくか分からない。だから男子トイレには「狙いを定めてもう一歩前へ」

なんて張り紙がよくある。俺の場合、お上品に座ってちょろちょろと用を足し、終わったらペーパーで先をちょんちょんだ（笑）。男だったら男らしく立ってやれ、なんて言われそう。

気になっているのは、今の子は和式トイレの使い方を知らないということだ。皆さんのお宅の子はどうだろう？　うちの子はなぜか漏れるギリギリになって「パパおしっこ〜」と騒ぐ。外で急いでトイレを探して入ってみると和式しかない。

「できる？」と聞くと「どうやってやるの？　分からない」「またがって座るんだよ」「えっ？どうやって？」。なんやかんやしている間に下着をぬらしてしまう経験もした。きっと和式で大便なんてできないのでは？

俺が高校生だった頃、友達と書店にいて「大」をもよおした。トイレに行くとそこは和式。用を足していると、友達がいたずらで、頭の上の小窓を勢いよく開け「わ〜っ！」と驚かしてきた。

こちらも驚いて小窓を見上げると、彼の顔はもっと驚いていた。不思議に思った俺は、後で彼に尋ねた。「何でおまえが驚くの？」

彼は言った。「何でおまえこっち向いてたの？」「えっ？」

彼は和式トイレで金隠しに尻を向けて座り、用を足していたそうだ。

俺の時代にも和式の使い方を知らないやつがいたのだ！

思春期をテーマにした講演の機会があると、特に男の子には「おしっこする前に手を洗おう」と力説しています。「トイレの後は手を洗おう」には大きな誤りがあるからです。

おしっこするときに不潔なのは性器に添える手ではありませんか。日常生活で、手はいろいろな場面で汚されるわけで、その手で性器に触れることの方が問題です。公衆トイレであればなおさらです。不特定多数の男性が入れ代わり立ち代わり、ドアのノブを開け閉めしています。

お風呂に入り、あるいはシャワーを使って入念に洗われた性器は、洗濯されたパンツの中に納まっているわけですから不潔な代物（しろもの）ではありません。

結論を申し上げれば、おしっこするためには性器に触れる手をまずはきれいにしましょう。言い換えれば、「おしっこする前に手を洗おう」。それでも気分が晴れないのであれば、「おしっこし終えた後にも手を洗おう」。

中高年の男性に関連したおしっこの話題を一つ。

以前にもこのコラムで触れましたが、今から10年ほど前、僕は前立腺がんや前立腺肥大などがあると異常値が出るPSA（前立腺特異抗原）の値が高くなりました。基準値の血中濃度は1ミリリットル中4ナノグラム（ナノは10億分の1）以下ですが、それが5・6に。何度か精密検査を繰り返した末、最終的に尿道から用具を挿入してレーザーで前立腺の核の部分を摘出する手術（ＨｏＬＥＰ）を受けることにしました。２０１１年の年末のことです。

手術を決意したのは、おしっこの出方がことのほかよろしくなかったからです。たまたま羽田空港のトイレで顔を合わせた75歳の産婦人科医から「北村先生、僕の3倍時間がかかっていたぞ」と出口で声を掛けられたのがきっかけでした。僕はその医師に背中を押されました。彼は1カ月ほど前に同じ手術を受けておられたのです。

尿流量測定というのがあります。大便器に向かっておしっこをすると、その一部始終がちょうど心電図のような波形となってプリントされてきます。僕の場合は、初尿まで時間がかかり、それからフラット（平ら）な波形がしばらく続いて終わります。通常はというと、最初の10秒間で8割方のおしっこが出るとのこと。

日常生活に欠かせない排尿ですから、しばらく憂鬱（ゆううつ）な日々が続いていましたが、手術後は恐るべき事態となっています。ＰＳＡの低下は当然ですが、おしっこの出方が尋常ではなくなりました。あえて表現すれば、おしっこの太さも勢いも中学生並みになったとでもいいましょうか。

お悩みの方、お薬でいくか、手術を選択するか、主治医とよくご相談ください。


（２０１８年5月24日）

文通その23

学校での性教育

中学生には早い？ 俺は早く学べて良かった

先日ある記事を目にし、驚愕(きょうがく)！

簡単に言うと、東京都足立区の中学校で行われた性教育の授業が不適切だと、ある都議会議員が都の教育委員会に指摘。都教委から区教委へ指導をするが、区教委は授業の必要性を主張した、といった内容だ（注・授業が行われたのは2018年3月）。

気になったので、いろいろ調べてみた。

フリーライター末吉陽子さんのまとめ（ダイヤモンド・オンライン）によると、足立区の中学校で人権教育の一環として行われた性教育の授業は、1年生で「生命誕生」「らしさについて考えよう」、2年生で「多様な性」、3年生で「自分の性行動を考えよう（避妊と中絶）」「恋愛とデートDV（ドメスティックバイオレンス）」といったテーマを設定。そのほか、保健体育の授業でも、「月経」「射精」「性感染症」「エイズ」などについて学ぶそうだ。

これらの授業は、講義形式の「レクチャー型」ではなく、生徒が主体的に学ぶ「アクティブ・

ラーニング型」になるように工夫している。例えば「高校生になったら性交してもいいかどうか」というテーマについてみんなで意見を言い合う。

「愛し合っていればいいんじゃないか」

「では、もし妊娠したらどうする？」

「自分だったらこうする」

いろんな意見が飛び交い、みんなで頭を悩ませ真剣に考えるそうだ。

この授業を不適切とした、ある都議の主張は「安易に性交渉しない自己抑制教育、性道徳が必要だ。性交渉は家庭を持つまで避けるべきだ。中学生は性交を学ぶ発達段階になく、学習指導要領から逸脱している」（毎日新聞）、「中学生の授業で『性交』『避妊』『人工妊娠中絶』を具体的に取り上げることによって、性に嫌悪感や恐怖感を持つ生徒がいる可能性を否定できない」（末吉さんの取材）とのことだ。

はぁ～？　中学生は性交を学ぶには早い？　マジで言ってんの？

北村家を見ろ。物心ついた頃から「望まない妊娠はするな」と言われていたぞ！　まだ妊娠の仕組みを知らんのに。エロ本感覚で読んだおやじの著書。女性の身体、性の仕組み、性感染症、学んで良かったと感じたわ！

仲間内のうわさやうその情報の方が怖くないか？　妊娠、中絶、性感染症が低年齢化してるんじゃないの？　日本の性教育は海外と比べてどうなんだ？

こんな記事があったということを伝えただけになってしまったが、おやじがきっといろいろまとめてくれるだろう（笑）。

「ちょっと待ったー！　僕の息子は吉本芸人ではなかったのか」

これが「はいけい」を読んでの第一印象でした。芸人とは、見る者聞く者に「笑い」を誘うのが仕事だと思い込んでいたのですが、まさか路線を変えたわけではないですよね。

最近、笑いが免疫力を高めて、がんの進行を抑制するという興味深い研究報告があったばかりで、笑いに注目するだけでなく、芸人として活躍し、もがいている息子を誇りに感じていたところです。

事実、大阪にある吉本興業の「なんばグランド花月」でお客さんに協力を得て血液検査をした結果、18人中14人が免疫細胞の活性値が上昇したというデータも入手しています。

それはそれとして、今回のテーマについて「おやじがきっとまとめてくれるだろう」と振られたわけですから、逃げるわけにはいきません。

今回の足立区の中学校で行われたという性教育についてですが、日頃身近に生徒と関わっている先生方が、彼らの発達段階に応じた授業の工夫をされてこられたことは報道からも明らかです。唐突に性交や避妊が出てきたわけではありません。だから、都議会や都教委から指摘を受けて一番驚いたのは現場の校長先生や教師だったと思います。

「インターネットに限らず、スマホなどでも簡単にアダルトサイトを視聴できる中学生がいるというのに、何を時代錯誤なことを言うのか」と。

ところで、学校で行っている性教育に時々向けられる批判を押さえ込むのに最も力を発揮するのは、保護者からの声です。子どもの健やかな成長を誰よりも願っているからです。

日本家族計画協会が２０１６年に実施した全国調査では、性に関する事柄を16項目挙げて、一般的には何歳くらいのときに知るべきだと思うかを尋ねています。

その回答で、15歳まで、言い換えれば義務教育終了くらいまでに知るべき事柄をみると、避妊法（73・5％）、セックス（性交渉、71・0％）、コンドームの使い方（66・3％）、人工妊娠中絶（62・7％）などとなっています。

学校で、子どもたちに対して性教育に積極的に取り組んでほしいと願っている国民の声がありながら、時代のニーズに即応していない学習指導要領が足かせとなって、中学校現場での教育内容が批判されることなど、決してあってはなりません。

最後に、性教育批判の話題は僕に任せて、智には「笑い」の研究に一層いそしんでほしいと願っています。

（２０１８年６月28日）

まませている女の子

小学生から「彼氏」、ネットや漫画が影響？

「私、15歳の夏までに処女を捨てたいの」

中学3年の俺に言ってきたのは同級生の女友達だった。その女子とは付き合っているわけでもなく、普段から笑い合える仲間の1人だったからとても驚いた。

それから、相手の家で時々2人きりで時間を過ごすことがあった。が、何をどうしたらいいのか分からず、俺はその場から逃げた！

小学校高学年の頃にも、女友達に「ある遊びをしよう」と誘われた。みんなでじゃんけんをし、負けた2人がくじを引き「抱きあう」「キスをする」「ランバダ（当時はやった情熱的なダンス）を踊る」という、罰ゲームなのか、王様ゲームなのか分からないような遊びだ。もちろん、そのときも笑いながら俺は逃げた！　今だったらどちらもすぐに受け入れるのに。

今の時代もそうなのだろうか？　俺の時代は、バカな妄想やエッチな単語だけで、はしゃい

でいた男子と違って、女子は何かとませていた。

おやじの著書「ティーンズ・ボディーブック」（中央公論新社）で予習をしていた俺を越えてくるほど、一部の女子だったが、性に関しての知識を持っていたのではないだろうか？　家庭環境、生活環境がそうさせるのか？

このコラムを書きながらそんなことを思い出していると、自分の娘がもう小学3年だということについて、ふと考えてしまう。ここに書くのはどうなのかとも思うが、既に女性の体つきになりつつある。まだ、お風呂は俺と一緒に入ってくれるが、親族と入ることや温泉で男風呂に入ることを拒否するようになった。学校では現在、俺の時代にはなかったような性教育も行われているということだ。

水着で隠れる部分は「プライベートゾーン」と呼び、男子は下半身、女子には上半身にもある。その部分は人に見せてはいけない！　触らせてはいけない！　自分だけのもの！　と教育されているようだ。

俺のときは、「子どもができる仕組み」くらいのものだった。今の性教育はしっかりしているね～なんて話を、知り合いとしていると、その知り合いは「今の性教育は進み過ぎている」と言う。

子どもの頃から男と女を意識させるような内容で、小学生の娘が色気づいたりして将来がコワい！　小学生のうちから〝彼氏〟や〝キス〟が当たり前になっていてお母ちゃんは心配だ！と大声で訴えていた。

俺は話を聞いていて、性教育のせいではなく、インターネットやドラマ、漫画などの影響だなぁと感じた。

毎日まだまだ無邪気に遊んでいる娘だが、あと数カ月後なのか数年後なのか、女として男のことを見るようになるのだろうか。

自分のしてきたことを振り返って思うのはただ一つ。娘よ、男を簡単に信用するな！　男は欲望で生きている。それから息子よ。おまえは無邪気に生きろ！

東京都の性教育研究会が行った調査（2014年版）があります。「あなたは異性ともっとなかよしになりたいと思いますか」の問いに、小学4年生から6年生で「とても思う」と回答した女子の割合はどの学年も男子より多く、全体では男子14・7%に対し、女子は29・2%と約2倍となっています。「男の子なら女の子と、女の子なら男の子といっしょに遊ぶことをどう思いますか」に対し「楽しいと思う」と回答した割合は、男子の24・1%、女子の52・0%ですから、卑近な言い方をすれば、女子の方が男子よりも2倍以上「ませている」といえます。

小学生の場合、なぜ男子よりも女子の方が「性の目覚め」が早いのか。それはホルモン環境と脳の働きに男女の違いがあるからです。

犬や猫などは、生後間もなく歩き始め、1年足らずで子どもを産むようになるのに、なぜ人間だけは性の目覚めに10年近くかかるのでしょうか。

性ホルモンの分泌量は、出生直後から10歳前後までは低く、これが脳に認知されて下垂体からの命令を抑制しています。このような時期が10年近く続くのです。特に女子の場合、副腎から分泌されている男性ホルモンの量が男子に比べて多いことから、性の目覚めを男子より早めてしまう原因だといわれています。

もちろん、性の目覚めの時期は、単純に性ホルモンだけで説明がつくわけではありません。例えば、温暖な地域、刺激の多い都市部、良好な栄養状態などが、性の目覚めを早めることはよく知られています。

また、私たち人間はしょせん動物であることを考え合わせれば、次に紹介するチンパンジーの話が役に立つかもしれません。

チンパンジーの飼育に長年関わっている専門家の話によれば、チンパンジーというのは初経や射精を経験する直後から交尾を始めるといいます。

としたら、日本人の場合12歳までに、女子の7割が初経を、男子の5割が射精をそれぞれ経験しているわけですから、その頃から性交があっても決して不思議ではありません。むしろ、その可能性があることを想定して、学校での性教育を充実させる必要があります。

また、親をはじめ、子どもを養育されている方には、子どもが心を穏やかにしていられる場を提供し続けることこそ大切だと、いつも力説しています。

蛇足になりますが、チンパンジーが交尾を開始するのは、親元から離れるときだともいいます。親から衣食住を保障されながら交尾をするチンパンジーはいないわけで、親のすねをかじっていながら性交を始めてしまう人間とは大違いです。

（2018年11月22日）

さくらももこさんをしのぶ

クラスにもいた、愛着あるキャラばかり 53歳の若さで…乳がん早期発見を

乳がんのため亡くなった漫画家のさくらももこさんのご冥福をお祈りします（注・さくらももこさんは2018年8月15日逝去）。

1990年、俺が小学生の頃にテレビ放送が始まった「ちびまる子ちゃん」。第1話を見た瞬間にファンになり、今でも毎週録画して見ている。

この作品の良さは「うちのクラスにもこんなやついる〜」と思わせる、愛着のあるキャラクターばかりが登場するところだ。自分のクラスも、笑いやイタズラの中心には必ず俺がいた。そんな俺は〝まる子〟と、明るくひょうきんな〝はまじ〟を足して2で割った感じだろう。いやいや、ひきょうな〝藤木〟も入っているかも。

大人になった今でも「そうそう、子どもの頃はそんなくだらないこと考えていたなぁ〜」と懐かしみ、とても癒やされるのだ。

ずる賢いまる子は、おじいちゃんを巧みにだまし、いろいろとおねだりする。

自分もそうだった。友達と駄菓子屋に行くときは、母親から小遣いを100円もらえるのだ。

出掛けるふりをして、こっそり祖母の部屋に寄り、言葉巧みにもう100円ゲット。

他にもずる賢いエピソードがある。きょうだいが多かったわが家は、食卓に数が数えられる食べ物、例えばウインナーやシシャモが並ぶと「1人何本ね」と決められる。ぱっと見て何本、何個あるのか分からない物が出たときは「まず1人3個ずつね」「じゃあ次は1個」そして割り切れなくなったら残りはじゃんけんだ。

ある日、サクランボが食卓に出たとき、「まずは1人5粒ずつ食べていいよ」と、いつもの〝行事〟が始まった。5粒スタートということは、次は2粒か？　最後に1粒、そして残りはじゃんけん。せいぜい1人8〜9粒かぁ、もっと食べたいなぁ〜なんて思いながら、1粒食べ、2粒食べ、自分の前にサクランボの種と軸（柄）が並んでいく。

きょうだいが5粒食べ終わる頃、「あれ！　智はまだ3粒？　もっと食べてなかったっけ？」「いや、3粒だよ。次で4粒目」「早く食べろよ〜、次に進めないだろ！」。

全員が同じ数だけ食べ終え「次は2粒〜」に早く進みたいのだ。せかすきょうだいには申し訳ないが、実は俺は既に5粒以上食べていた。

もっと食べたいと思った俺はある作戦を決行した。食べた分だけ種と軸が増える。ならば種と軸を目の前に置かなければ何個食べたかバレない。しかし隠す所はない。

俺が考えついた作戦は種と軸を〝飲み込むこと〟だ！

きょうだいにバレずに証拠を隠し、俺は多くのサクランボを食べることに成功した。種はまだしも、軸は飲み込むのに非常に苦労した。なお、サクランボの種には天然の有害物質が含まれているので食べないように。俺は体が丈夫で今も生きているが（笑）。

はいふく

父より

同じ出来事を目の当たりにしても、着眼点は人それぞれだということを改めて知ることになりました。

漫画「ちびまる子ちゃん」で有名なさくらももこさんの訃報に触れ、がくぜんとしました。日曜日、家でのんびりしているときなど、同居している孫たちにテレビを独占されながら、フジテレビ系のアニメ「ちびまる子ちゃん」を何げなく見ることになります。そして、はるか昔になってしまった昭和の香りを感じながらノスタルジーに浸っている自分がいます。

ノスタルジーとは、フランス語で過ぎ去った時代や、故郷を懐かしむ気持ちという意味です。そんな民衆の心を捉えて離さないさくらももこさんのことを「現代の清少納言」とたたえる人もいます。

それにしても53歳の若さでの旅立ち。しかも、その原因が乳がんだというのですから看過でき

ません。

乳がんといえば、2017年6月にフリーアナウンサーである小林麻央さんが34歳で亡くなられたことがまだ記憶に残っています。

医療が発達した今の時代、〝乳がん〟で死んではいけないだろう、というのが僕の率直な気持ちです。

（注・2018年）9月11日、国立がん研究センターが11年にがんと診断された人の3年生存率を公表しました。3年生存率とは、がんと診断された人が3年後に生存している割合を計算したもので、がん以外の病気や事故などで死亡する割合を除くと、がん全体で71・3%、女性の乳がんは95・2%と高率でした。

これは早期発見・早期治療ができさえすれ

ば、乳がんを原因とした死亡をかなり回避できることを意味しています。だから、34歳だ、53歳だという若さで亡くなった人が悔やまれるのです。

18年に乳がんと診断される日本人女性は推計8万6500人。同年に乳がんで死亡すると予測される女性の数は1万4800人。女性ホルモン依存性といわれる乳がんですから、40代から50代の女性に多発します。

早期発見のためには、乳房の自己検診に加えて、マンモグラフィー（乳房エックス線撮影）が推奨されていますが、最近では乳腺密度の高い若い女性では、小さな乳がんが発見しにくいことから超音波（エコー）検査との併用が叫ばれています。そうすることによって、がん発見率が1・5倍になったとの報告もあります。

その限界を補うために、僕のクリニックでは、1年ごとにマンモグラフィーと超音波検査を交互に行うように勧めています。

乳がんになりやすい人の場合、高脂肪食、過度のアルコール摂取、肥満なども話題になっていますので、さくらももこさんの訃報を無駄にすることなく、日頃の生活を見直してみることを提案します。

（2018年9月27日）

「ノーベル賞」と内視鏡

歯ブラシで「オエッ」。おやじ、胃カメラのめる？

2018年のノーベル賞に、日本人の受賞が決まったというすてきなニュースがあった（注・18年10月1日）。

京都大特別教授の本庶佑（ほんじょたすく）さん、おめでとうございます。免疫のブレーキ役として働く「PD1」というタンパク質を発見した功績によりノーベル医学生理学賞に選ばれたということだが、内容はチンプンカンプンでよく分からない。とにかく、がんの治療に大きな影響を与えたことだけは確かなようだ。

ところで「イグ・ノーベル賞」はご存じだろうか？

ノーベル賞のパロディーで、ユニークな研究をした方に贈られる賞なのだが、アメリカ・マサチューセッツ州のハーバード大で、9月13日に授賞式があったという。その受賞者の中に、何と長野県の方がいたのだよ～。パチパチパチパチ～！

駒ケ根市にある昭和伊南総合病院の消化器病センター長の堀内朗（あきら）医師が「医学教育賞」を受

賞されたのだ！

その研究とは「座った姿勢で大腸の内視鏡検査を受けると苦痛が少ない」という内容。しかも自分の体で試していたそうだ。左手で内視鏡を操作し、右手で自分の肛門に内視鏡を挿していた、と身ぶりを付けてスピーチをして会場を沸かせたという。

このイグ・ノーベル賞だが、学者でなくてもユーモアにあふれた研究、製品開発、生き方・考え方などでも受賞できるそうだ。となると、俺にもチャンスがあるということ。しかし、賞金は基本的に出ない。10兆ジンバブエドル紙幣1枚が授与されたこともあるというが、2015年に廃止された通貨で価値はほとんどない。

授賞式への交通費、宿泊費は自腹。わおっ！　2020年東京五輪・パラリンピックのボランティアスタッフと同じような待遇じゃねーか！（笑）

当初、東京五輪・パラの費用は約7千億円といわれていたのが、現在は3兆円に膨らむ可能性も出ている。そのくせ、11万人ものボランティアを募集。交通費相当額として1日千円を支給する方針のようだが、報酬はなく、宿泊費は自己負担という。五輪を手伝いたいと思う気持ちのほかに、結構なお金が必要になるじゃないか！　一体、集まるのだろうか？

災害時などのボランティア活動は納得するが、五輪というスポンサーも付く商業イベントでのボランティアは、少し引っかかるなぁ。

おっと話がそれたね。話を内視鏡に戻したい。

俺はまだ経験はないが、胃カメラを口から入れるというのはできそうもないなぁ。今は鼻からも入れられるみたいだが、口に異物を入れることが苦手なのだ。

振り返ると、北村家の実家では朝の洗面所で、おやじと俺がいつも吐き気を催していた。歯ブラシをしながら「オエッ！　オエッ！」と大合唱。

そんなおやじは胃カメラをのんだことがあるのか？　のむことができたのだろうか？

はいふく

新聞を読みながら食事している読者には恐縮ですが、「オエッ！」は事実なのです。嘔吐(おうと)反射が強いからなのか、歯を磨くたびに「オエッ！」。だから、智が指摘したように、胃カメラ検査を受けるのは一大事でした。

過去4回ほどの経験がありますが、初回など、「気持ちを楽にしてくださいね。唾液が出てきたら、そのまま垂れ流していいですからね」と促されたものの、カメラが喉を通るころになると、まるで「豚が殺される場面」とでも言いましょうか、検査を続けられなくなりました。

その後は、鎮静剤を打ってもらって、意識がもうろうとした状態で胃カメラ検査をしています。

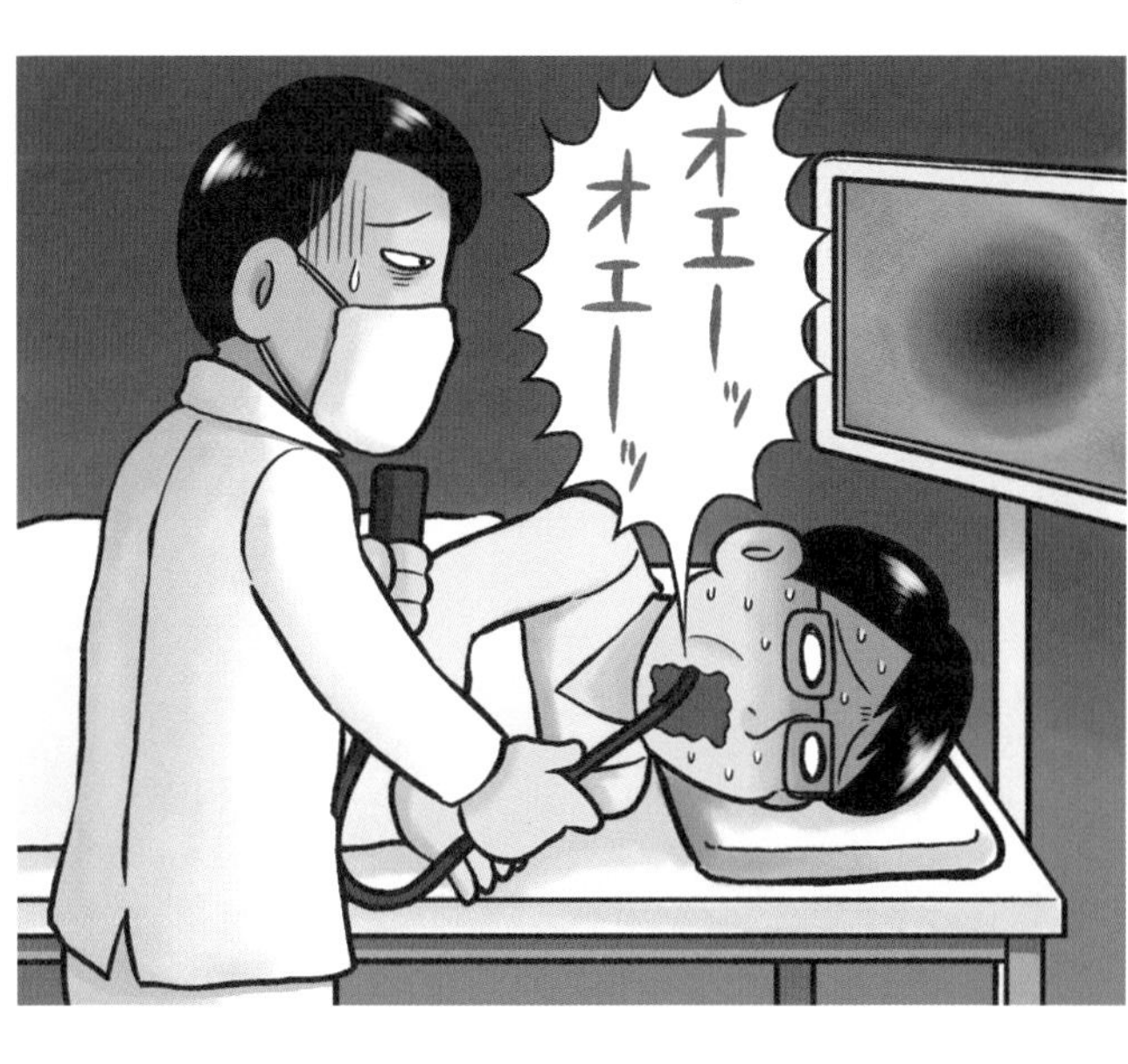

それにしても、ノーベル医学生理学賞を受賞することになった本庶佑先生。決定後も、何かと話題に事欠きません。先日は日本医師会などの主催で「HPVワクチンについて考える」公開フォーラムが開催されました。

ご存じのように、子宮頸がんの主な原因であるHPV（ヒトパピローマウイルス）の感染を予防するワクチンについては、2013年4月に定期接種がスタートしたものの、副反応を訴える女性が話題になり、国は6月に積極的接種勧奨を一時差し控えると宣言。それ以来、5年4カ月が過ぎても（注・18年10月時点）なお、再開のめどがたっていません。

その結果、一時は70％近くだった接種率が0・6％にまで低下しています。これが長期化すると、今後50年間に10万人が子宮頸がんになり、2万人以上の死亡が予測されると発表したのは、北海道大のシャロン・ハンリーさん。僕自身もこのような事態を深刻に受け止めている1人です。

その数日前でしたか、本庶先生が根本匠厚労大臣の元を訪れたことが報道されました。健康長寿を全うするためには、病気にならないように努めることが大事だということから、子宮頸がん予防に欠かせないHPVワクチンについて、「ぜひ勧めるべきだ」と進言したとあります。ノーベル賞受賞者の言葉ですから心強い限りです。

先生が開発に道を開いたがんの免疫治療薬「オプジーボ」。この薬が全てのがんの治療に有効であるかのような誤解が広がっていることを心配しています。がん治療という領域での業績で多大な評価を受けた先生が、がんになる前の「予防の重要性」を口にするのですから、何と説得力があることか。

また、受賞決定の会見で、76歳の先生が「次の目標はエージシュートを実現すること」と発言し、僕を興奮させました。エージシュートとは、ゴルフで自分の年齢以下のスコアで上がること。だからエージシュートができれば、ノーベル賞を超えるのかと妙に勇気づけられています。

67歳の僕の場合、1ラウンドの半分9ホール（パー36）であれば、今でもエージシュートは可能ですが……。

（2018年10月25日）

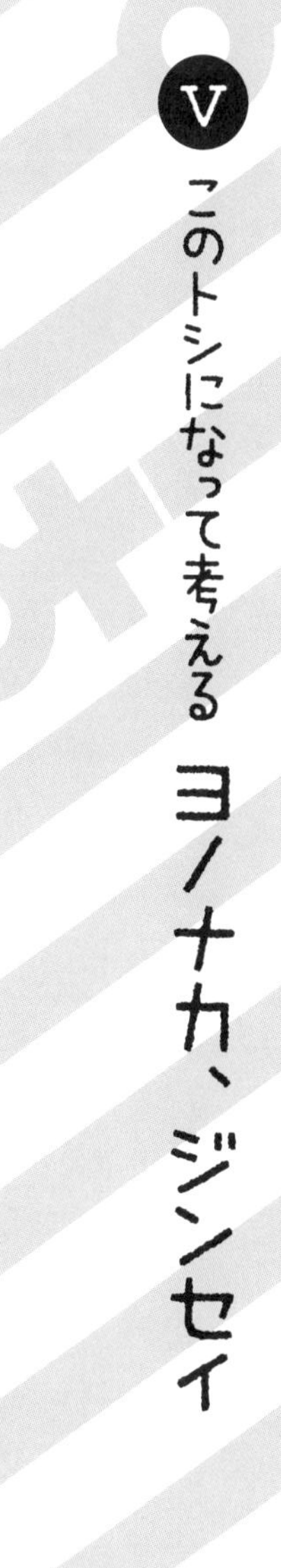

V このトシになって考える ヨノナカ、ジンセイ

モテるには顔？

自信あるところつくり出せばいい　コンプレックスが前へ進む力に

なぜ芸人になったのか？　そう聞かれたら間違いなく「モテるためです！」と答える。

皆さんはどうだろう？　毎日異性にキャーキャー言われながら生きてみたいと思ったこと、一度くらいあるのでは。

俺はジャニーズで言うと、光ＧＥＮＪＩ世代。キャーキャー言われている彼らを見て育ち、ダンスをまねてみたり、ローラースケートを乗り回してみたり、髪形をまねたり。ああなりてーなー、なんてひそかに思っていた。

しかし、母親に「あなたはブサイクだからなるべく髪を長めにして顔を隠せ」と言われて育った俺。どうしたら女の子にモテるのか考えた。

顔では勝てない。しゃべり、優しさで頑張ろう！　俺のモテる秘訣（ひけつ）はそこだ。顔に自信がなければ、ほかに自信があるところをつくり出せばいい。

アキバ系のオタクと言われる人たちは素晴らしい。周りから気持ち悪いと言われることなんてちっとも気にしていない。なぜなら自信があるからだ。自分が好きなモノへの知識、熱意に自信があるから堂々としていられるのだ！（俺の持論です）

先日、婚活パーティーの司会をしていて「おまえその顔でモジモジして、しゃべりもしなかったら異性が近づいてくるわけねーだろ！」と尻をたたきたくなるやつが何人もいた。

モテたければ何か一つでも自信をつけよう！　自分と付き合ったらどんな特典があるか伝えよう。ただし、ストレートにではないからな！

さて、せっかくモテるために芸人になった俺だが……。

昔の芸人さんとは違い、今の俺がいる芸能界は一般の方よりもむしろ真面目なのではないだろうか。事務所からもコンプライアンス（法令順守）をするようたたき込まれ、外に飲みに出ても人の目を気にしながらお行儀良くしている。そうしないと、ネットに何を書かれるか分からないからね。一般の人の方が激しい飲み方、騒ぎ方をしていると本当に思う。

芸能界、政界の不倫が騒がれている昨今だが、先日ある席で俺は〝恐ろしい〟言葉を女性から聞いた。

「最近の女は強いよ！　性を自宅に持ち帰らない」

つまり外で関係を持ち、旦那とはセックスレス……ということだ。

それから、俺は既婚女性を対象に調査を開始した。返って来た答えは「確かにママ友にそういう人多いねえ」「男はすぐバレるけど、女はバレないもん」「自分はバレない、旦那が不倫していたら慰謝料ガッツリもらう」

もっとすごいものでは「ママ友が10人集まれば7人は不倫しているね」だって。

調査した相手が悪かったのか、冗談交じりに大げさに言っていたのかは分からないが、予想以上に赤裸々な回答が得られた。もしかして芸能界、政界以上にとんでもないことになっているのでは？　どうなってんだ、この世の中！

「ヒトの価値は顔ではない」と言い切ってくれた智に、僕としてはホッと胸をなで下ろしています。

親を選べないままに人生のスタートを切った子どもたち。親としては、というより、僕としては、自分の遺伝子を無理やり引き継がせてしまったことに対して、時折申し訳ない気持ちでいっぱいになります。僕自身も、既に亡き母親に似た、いわゆる「団子鼻」が物心ついた頃から嫌いでした。

フランスの思想家パスカルが著した「パンセ」には「クレオパトラの鼻がもう少し低かったら、世界の歴史の局面は変わっていただろう」という有名な言葉がありますが、僕の場合は「僕の鼻がもう少し高かったら」と悔しい日々を送ってきました。

ただ遺伝子というのはすごいもので、人生哲学にも相通じるものがあることを今回はっきりと知ることができました。

後から振り返れば、顔のコンプレックスをカバーするためだったのでしょう。だから僕は、目の前のことに一生懸命に取り組んで、周囲に一目置かせようとしました。ちょっと背伸びして、医学部受験を目指しました。医師の世界でもひと味違う医師としての役割を果たそうとしました。他人と同じことをしていては、僕はコンプレックスを解消することができないと勝手に思い込んでいたからです。

過去に「もしも」はありませんが、今思えば、このようなコンプレックスが、実は僕自身の強みであり、前に突き進む原動力になっていたのです。


不倫を巡ってですが、かつては「英雄色を好む」などと言われ、わが国にも相当な強者(つわもの)がいたことは歴史が教えてくれています。しかし、現代は「英雄」でなくても、不倫が身近な話題になっているのは確かなようです。

僕が監修したジェクス「ジャパン・セックスサーベイ２０１７」を見てみましょう。日本人の性意識・性行動の実態を探るため、20歳から69歳までを対象に行った２０１６年の全国調査の結果ですが、スマートフォンの普及と不倫経験とは無縁ではありません。

「現在不倫していない」かどうかについて、スマホを所有している人と所有していない人を比べると、男性は84・7％対91・1％、女性は91・2％対96・5％。スマホを所有していない人の方が、不倫していない割合が高くなりました。簡単にプライベートな連絡が取り合えるようになった今日だからこそ、このような社会現象が生まれているとはいえないでしょうか。


（２０１７年9月28日）

バレンタインデー

ドキドキの当日、ムースでカッコつけた義理チョコの数、父親の権威に

はいけい

2月の大きなイベントといえばバレンタインデー！

日本では女性から男性へチョコレートを贈る―となっているが、それは単にチョコレート業界の策略なだけであって、実は聖バレンタインの死を悼む日に由来するということのようだ。

3世紀ごろのローマで、兵士たちの結婚を禁止するという皇帝クラウディウス2世の命令に反対し、多くの兵士を結婚させたキリスト教司祭が殺された日…なんてことを言っていたら、クリスマスもハロウィーンも楽しめなくなってしまう。乗っかれるものには乗っかって楽しもう！

海外では男性から女性に花などを贈る日！　1年で一番花が贈られる日ともいわれるそうだ。それに習って俺も毎年花を贈るようにしているのだ。多数の女性に（笑）。

小学生の頃、バレンタインデーが近づくと女子たちのコソコソ話が多くなる。誰にチョコを渡すか、男子は聞き耳を立ててドキドキするのだ。

自分でもなぜそんなことをしたのか、いまだに分からないのだが、バレンタインデー当日の

朝、洗面所にあったおやじのムース（整髪料）を髪の毛に付け、カッコつけて登校したのだ。バレンタイン当日に何かしたからって何も変わるわけじゃないのに（涙）。

しかも人生で初めてムースを付けたもんだから、一日中髪の毛がベタベタしている感じだし、前日髪の毛を洗っていないのではないかとの疑いまで。完全に失敗した。

予定通り、学校でチョコをもらえることもなく帰宅し、ゴロゴロふてくされていると家のチャイムが。

玄関に出ると同級生の女子が2人。

「ど、どうしたの？」と話す俺はドキドキの最高潮！

ところが、女子から出た言葉は「これ、○○君に渡したいんだけど一緒に来てくれない？」

……。

ガーン！

「やだよっ！」と言って、追い返してやった。

毎年、チョコをもらえたとしても母親からの物を合わせて2～3個のわれわれ子どもたち。夜になるとおやじが職場でもらった数多くの義理チョコを抱えて帰ってくる。

「どうだ！　お父さんが一番多いぞ～～」と憎らしく自慢してくるのだ。

今思い返すと、なんて大人げないおやじだったのだろう。

今年（注・2018年）のバレンタインデー、中でも日本特有のチョコレート・プレゼントを巡って騒動が起こっています。

ベルギーの高級チョコレートブランド「ゴディバ」の日本法人が、2月1日付の経済紙に打った全面広告。

以前訪れたことのある本場では、「ゴダイバ」と発音していたのが印象的です。

そのゴディバが「日本は、義理チョコをやめよう」というのですから、この日ばかりは大々的なセールをもくろんでいるチョコレート業界に衝撃が走りました。

実際に義理チョコを準備することに負担を感じている女性からは「よくぞ言ってくれた」という称賛の声が上がるとともに、他のチョコレート会社からは「高級ブランドを扱っているゴディバにとっては、義理チョコがなくなっても痛くもかゆくもないはず」と。

でも、個人的には、この義理チョコの数と嵩（かさ）が、父親の権威を維持するのにどれほど貢献してきたことかと、今となっては、かつてのバレンタインデーを懐かしんでいます。

事実、患者やスタッフからたくさんのチョコが届き、かばんの中と両手に持った紙袋にチョコがあふれていたときもありました。これを新幹線通勤者としては車内の棚に誇らしく置き、ローカル線に乗るとこれ見よがしに足元に飾り、帰宅するや「どうだ！」と得意満面にテーブルの上に広げるわけです。

5人の子どもたちは、われ先にお気に入りのチョコを奪い合います。その姿を見て英雄気取りの自分がいました。

その姿を智から「なんと大人げないおやじ」と指摘され、ガーーンと頭を殴られた思いがしました。

しかし、誰も知らないし、知ろうとしないのは、いわゆる〝収穫〟が少なめのときには、見えを張って自分でチョコを調達していたこと。さらに、3月14日のホワイトデーでの出費が尋常ではないことです。2倍、3倍のお返しは当たり前なのですから……。

義理チョコに対して世間が冷ややかになってきたのか、最近の〝収穫〟は数えるほどしかありません。

見えを張る相手もいませんし、何しろ、夫婦ともども還暦を過ぎてこれ以上太ることは許されず、「できるだけ糖質制限」にいそしんでいるわけですから、願ったりかなったりだーとやせ我慢をしています。

考えてみれば、人気なんて永遠に続くわけでもなく、いつかは自分の周囲から人が離れていくことも覚悟しなければなりません。

これは芸人である智にも教訓にしておいてほしい父からのメッセージです。そのときに、揺るぎない自己を確立できているかが勝負の分かれ目なのです。

ちなみに、今年の〝収穫〟は家族から二つ、職場で七つ。そして、ゴルフ場でもらった小さな義理チョコで終わりました。

（2018年2月22日）

若者よ、恋をしよう

しがらみすり抜け会えたときの喜び！大切なのは人探しでなく「自分磨き」

先日、20代前半の男性と、女性の話になった。

「彼女いないの？」

「いないです、っていうか今いりません」

え⁉　おじさんは驚いてしまった。

「なんでいらないの？　好きな人もいないの？」

「好きな人もいないし、ひとりの時間が減るのが嫌なんですよ」

恋人のために時間を割いたり、会っている時間に気を使ったりするのがあまり楽しくないんだそうだ。最近の若者全員がそうではないと思うが、その後、何人かの若者男女に聞いてみると、恋人とか特にいらないって人が何人もいたのだ！

「いい人がいれば」とは言うけれど、いい人ってそんなにいないの？　幼稚園の頃から異性を意識して常に好きな人をつくってきた俺には驚きでしかなかった。俺がただの女好きってことなのか？

俺の初恋は小学4年生。幼稚園の頃にもかわいいから好き、仲良しだから好きって子はいたが、まだ恋ではなかった。

これが恋だ！　と確信したのが小学4年生のときだった。

クラスメートのその子とは仲が良かった。かわいいというか、少し大人びてきれいな感じ。同級生なのにお姉さんみたいな人だった。

1学期が終わり夏休みに入り1週間たった頃、わずかな空虚を感じた。あの子に会いたい！　近所ならば公園で遊んでいれば自然と会うことができたかもしれないが、家が遠かった。会いたい！　会いたい！　胸が苦しい！

小学4年生の俺はどうしたら会えるのか考えた。

数日後に親が海に連れて行ってくれる。そこでお土産を買おう、それをどうしても渡したいということにして電話をしよう。

作戦開始だ！　海に行き、見事お土産をゲット。仲は良かったが、家に電話をするなんて初めてだ。

ドキドキしながらダイヤルを回すと、出た、本人だ。ラッキー！　学校の門の前で会う約束をし、お土産の貝殻がたくさん付いた壁掛けの飾り物を渡した。

普段、学校でみんなで話しているときはワイワイと話せるのに、2人で会うとモジモジ。会話がうまく続かない。

何分、何時間話しただろう？ 覚えていない。バイバイをして、残りの夏休みは会うことはなかった。

その後、その子と付き合うことに……はならなかったが、ずっと仲は良かった。

破れる恋、ハッピーな恋、いろいろ経験したが、恋って楽しいよねぇ？

会いたい、どうしたら会えるのか。1分1秒でも早く会いたい。そのためにどうするのか。もちろん仕事は仕事、おろそかにしてはいけないが、そうしたしがらみをうまくすり抜けて会えたときの喜び！

好きな人のために動く時間。自分のために動いてくれる好きな人。時にはけんかもあるだろう。けど、全部ひっくるめて「恋」。

ああ若者よ、すてきな恋をたくさんしてくれたまえ！

「若者よ、すてきな恋をたくさんしてくれたまえ！」

全くもって同感です。最近、恋愛の楽しさを喜々として語る女性患者との出会いが、とんと少なくなっています。

僕のクリニックには日々の出来事を思う存分話してくれる患者が受診していますので、ネタに困ることはありません。「面白い話ない？」と患者に迫ると、「また、先生の連載記事のネタ探しですか」と返されるのが日常です。

「草食」、今では「絶食」とまで言われている日本男子のこと。

女子は「街コン」に出かけて行ったのに、まともに話せる男がいなくてねえ。帰り際にメルアドの交換でもするのかなあと思いきや、『それじゃあ、今日はありがとう』ときたもんだ。何しに来ているのか分かったものじゃあない」と。

そんな話を聞きながら、「あなたに魅力を感じなかっただけ」と言いたい気持ちをぐっと抑えながら、「いい男がいたら食っておしまい」と口にしていました。

「どうしたら、いい人をゲットできますかね」との質問もよく受けるのですが、僕は決まって「大切なことは人探しではなくて、自分磨きだよ」と答えることにしています。魅力ある自分がつくられていけば、周囲の人が放っておくはずがないからです。

日本家族計画協会（東京）が2016年に実施した「第8回男女の生活と意識に関する調査」が国内外から注目を集めています。とりわけ、「結婚しない、セックスしない若者たち」の実態を明らかにしたことです。

18歳から34歳の未婚男女を抽出して、その特徴を探った結果、男性の42・0％、女性の46・0％にセックス経験がないというのですから驚きです。

中高校生の頃から激しい性欲に襲われ、悶々とした日々を送っていた自身を振り返るにつけ、このような日本の現実を理解できないでいます。

異性と関わることを面倒だと感じている、セックスに関心がないというのは、セックス経験のない男女の回答として当然であるとしても、僕がもっとも注目したのは「たばこを吸わない」「アルコールを飲まない」が目立ったことです。

拙著「セックス嫌いな若者たち」（メディアファクトリー新書）の執筆に際して「草食男子」10人近くにインタビューした際にも、禁酒・禁煙の声をよく聞きましたが、その理由は、健康意識の高まりというよりも、経済的な余裕がないことと関係していました。

サラリーマンの平均年収が伸び悩む一方、携帯電話やスマホの維持費がかかりすぎて、恋愛どころではないのです。

少子化の原因には、未婚の増加が大きく影響していると言われています。若者たちの雇用の確保と経済的安定が図れないと、恋愛どころか結婚も、そして子どもを持つことだって夢のまた夢なのかもしれません。

（2017年7月27日）

出会いで学んだこと

苦労知るお年寄り、現代との違い実感
チャレンジする意欲、先人に教わる

「芸術の秋」ということで、先日仕事で飯山市に住む2人にお会いした。

1人目は「鶴と亀」を制作している小林直博さん。「鶴と亀」とは、田舎に住むイケてるじいちゃんばあちゃんの日常をスタイリッシュに捉えた写真を載せまくっている、長野県奥信濃発のフリーペーパーだ。

軽トラの窓に肘を掛けているじいちゃん、美容院でパーマを当てるばあちゃん、こたつに入っているじいちゃんばあちゃん。ただの日常なのにとても味のあるすてきな作品の数々。一度見る価値ありだ。

2人目は人形作家の高橋まゆみさんだ。田舎のじいちゃんばあちゃんの何とも言えない表情、温かさと懐かしさが感じられる人形。長野県の観光パンフレットなどで目にしたことあるよね。

2人の共通点はお年寄りを題材にしていること。2人の作品を見たその日は、芸術に触れて

すがすがしい気持ちになる……と思いきや、ものすごく疲れた。脳みそがフル回転し、いろいろなことを考えさせられたからだ。

どちらも何でもない日常を切り取った作品なのだが、そこに映るお年寄りや人形たちは、現代人よりも豊かなんじゃないかと感じたのだ。

現代はとにかく便利! スマホ一つで何でもできてしまう。買い物、ゲーム、テレビ、出会い、仕事まで。新幹線に乗れば東京まであっという間、経済的には素晴らしい成長をし、われわれの仕事の幅も広がり、世界とつながることもできる。

しかし便利な世の中に生まれたからこそ、少しでも不便を感じたり自分の思い通りにいかなかったりすると発狂し、ストレスをためてしまうのだ。

昔の人はどうだろう? 大げさかもしれないが、昔は繊維から糸を作り、糸から布を作り、布から服を作る。各家庭でみそを造り、まきを割りお風呂を沸かしていた。生活するためにやるべきことがたくさんあっただろう。行動範囲もそれほど広くなかっただろう。

現代は、完成したものが簡単に手に入り、何をするにも用意されたものの中でやれる。昔の人は、何もないところから何かを作り出してきた。便利を知っている現代人は苦労を知らない。便利を知らないお年寄りは苦労が当たり前。

長野県には今でもコツコツと働くお年寄りがいる村がたくさん残っている。それが苦労とも思わず。仕事の文句ばかり言っている自分が情けなくなった。
現代人に足りないのは豊かな心。そしてものごとを進める手順、ものごとが進む過程を考える能力なのではないだろうか。

吉本芸人である智の格調高いメッセージに、父親としては戸惑いを禁じ得ません。「信州観光宣伝部長」を拝命していることは承知していますが、お笑いのかけらもない今回の「はいけい」には唖然呆然。

思い出したことがあります。15年ほど前になりますが、山田邦子さん、加藤鷹さんと3人で、「パーフェクトH」というCS放送番組を作っていたことです。

邦子さんはいまさら紹介する必要もありませんが、鷹さんと言えば当時カリスマAV男優としてならしていた人です。最初は良かったのですが、そのうちカリスマAV男優が影を潜め、何だかくそ真面目な評論家になっていました。

「その言葉は医師である僕から発するべきことだろう」と何度叫んだことか。その代わりと言っては何ですが、医師であることを忘れて、AV男優であるかのような発言に終始していた僕を、

撮影現場にいる人たちは楽しそうに見守っていました。今回のやりとりはそれに近いものがあるようで、いくばくか違和感があります。

僕は、周囲から「回遊魚」と呼ばれています。とにかくじっとしていられず、動き回ります。

1999年、国連加盟国中、日本が最後の承認国となった低用量経口避妊薬（ピル）のときも、未承認国が日本など世界で7カ国だった緊急避妊薬のときもそうでした。

緊急避妊薬は、レイプ被害時や避妊の失敗などの際に性交後72時間以内に服用することで妊娠を避ける薬です。日本政府の「承認」を勝ち取るために、とにかく戦い続けました。

とてもうれしかったのは、緊急避妊薬が2011年、僕の還暦の誕生日に承認されたことです。イギリスの企業から２０００年に話があって以来11年。緊急避妊薬の承認に向けてまっしぐらに突き進みました。その結果が誕生日の2月23日なのですから、小躍りするほどに歓喜したものです。

そんな僕を支えてくれたのが、幕末の信濃国、松代藩士であった佐久間象山でした。西洋砲術を学ぶために、オランダ語を1年足らずでマスターしたことは有名ですし、ガラス製造、養豚、製薬、ぶどう酒の醸造などを先んじて行っただけでなく、１５０年以上も前に自身の肖像を撮影。見よう見まねとはいえ、その挑戦する意欲たるや右に出る者はいないといわれています。

ピルにしろ、緊急避妊薬にしろ、承認に反対する勢力はとても強大でした。「日本人女性の性が乱れる」「若者たちの間で性感染症が拡大する」などなど。そんなとき、象山だったらどう振る舞っただろうかと考えました。

こびない、負けない、くじけないが、彼の信条。そして、次の名言が浮かびます。

「好奇心があるから学び、そしてチャレンジするから成果が生まれるのだ。失敗するから成功がある」

先人の知恵に学ぶことは多いですよね。

（２０１７年10月26日）

文通その31

撮影現場の裏側で

長い待ち時間…映画の出演は大変
裏方さんたちの努力に支えられてこそ

今、この原稿を書いているのは、とある撮影現場の控室だ。

監督、撮影スタッフ、出演者、メークさん、衣装さん、地域の方々、たくさんの皆さまの協力を得て製作されている映画だ。俺も映画に出演するのだ～（祝）。パチパチパチパチ～。

よしもとクリエイティブ・エージェンシーが製作する、長野県千曲市を主舞台とした地域発信型の映画「透子のセカイ」という作品だ。千曲市の町並み風景を存分に生かし、ファンタジーとミュージカルを融合している。

先日、出演者スタッフの初顔合わせで台本の読み合わせをした時点で、既に感動の涙をこらえることができなかった。それほどに素晴らしい内容になっている。ぜひ、ご期待ください！

（注・「透子のセカイ」は2019年4月、沖縄国際映画祭で初上映。以後、国内外で上映開始）

それもそのはず、スタッフの面々がスゴいのだ。

脚本は、よしもとの先輩である又吉直樹さんの芥川賞受賞作「火花」の映像化に携わった中村元樹。われわれ、こてつとは、よしもとの同期である。

そして監督は、ＳＮＳ（会員制交流サイト）などから話題となり、大ヒットした映画「カメラを止めるな！」。国内のみならず、海外の映画祭でもかなりの数の賞を受賞した作品の撮影監督を務めた曽根剛さんなのだ！　冒頭の37分ワンカットのシーンを撮影したのは彼。そんな面々の作品に携わることができて本当に光栄だ。まさに感謝、感謝。


撮影は早朝から深夜まで毎日行われる。脇役の俺は待ち時間を利用し、この原稿を書くこともできるが、主演の女優さん、スタッフは本当に休みなく動きっぱなし。本当に大変そうだ。

映画やドラマを作る現場を見るのは初めてなので……、と言いたいところだが、実は俺、映画出演は3作目なのだ！　ワッハッハ。

1作目は、諏訪地方を中心に撮影された「瞬間の流レ星」という作品。野球場の管理人役で、「おまえら何やってんだ、待て～」と叫び、走り抜ける。ちなみに相方の河合（武俊）は、俺の後ろで「どした？」と3文字のセリフのみだった（笑）。

3文字を言うためだけに現場に入り衣装に着替え、ヘアメークをし、5時間待って、流れ星のように一瞬で出番は終わった。まさに、われわれは「瞬間の流レ星」だった。

2作目は「家族のはなし」。この作品は2013年に信濃毎日新聞の企画で、よしもと芸人の鉄拳（長野県大町市出身）とコラボし、原作のパラパラ漫画「家族のはなし」を載せた。多くの反響を集め、実写映画化されたものだ。

俺が出演したシーンの撮影場所は茨城県久慈郡で、長野市からは約5時間。現場に到着すると「こてつさん入りました〜」とスタッフが大きな声で迎えてくれた。主演の岡田将生さん、成海璃子さんらと顔を会わせた。

当日まで、自分がどんなシーンに出演するのかよく分かっていなかった。役は学校の先生とのこと。衣装に着替えヘアメークを終え、出番を待っていた。

2時間くらい待っただろうか、「こてつさんお願いしまーす」とスタッフに呼ばれ移動した。「それではこてつさん、廊下で生徒さんたちと話をしてください」と監督から指示をもらった。

俺の立っている10メートル先に主役たち、そしてカメラがある。

「本番、ヨーイ」。10メートル先で何やら撮影が始まった。

「オッケー!!」。監督の声が響き渡った。スタッフの1人が大きな声を出した。

「こてつさん、以上でクランクアップ（撮影終了）です、お疲れさまでしたぁ〜」。それに続いてスタッフ全員が声をそろえ「お疲れさまでしたぁ〜」。

うちら、まるでエキストラやん。5時間移動、2時間待って、後ろで話してるだけ。これから5時間かけてまた帰るのか。うちらじゃなくても良かったやん。心でそう思っていたが、顔には出さずお礼を言って帰ってきた。

映画って、想像以上に大変な仕事なのだ。

映画を撮影する現場の様子が微に入り細をうがつように書かれていて、とても楽しく読ませていただきました。そして、アラフォー男性である智に言うことではありませんが、とても貴重な経験をさせてもらいましたよね。

そういう僕自身も、テレビ番組でコメンテーターのような役割を果たすことが多々あり、智と同じような感想を持っています。

テレビ出演の多い「売れっ子!?」こてつですから、番組制作の裏話をするのもなんですが、つい最近、NHK「きょうの健康」に出演する機会がありました。テーマは「避妊」と「性感染症予防」の2本。撮影当日までの裏方さんの活躍には目を見張るものがありました。

僕の手元の名刺には「番組担当ディレクター」とありますが、収録の数カ月前には打ち合わせが始まり、直接の面会が数回、メールでのやりとりを加えると実に10回を超えています。当事者

である僕からすれば、たかだか15分番組2本のために、これだけ時間が取られるのは不本意だ、という生意気な気持ちがないわけではありませんでした。

そして、収録の日。3時間ほど前から放送局に入り、さらに詳細な打ち合わせが繰り返されました。

「北村先生は、お好きにお話しいただいて結構ですからね」と念を押されてはいるものの、机の上には分刻みの台本が完璧に用意されていて、「北村」の発言内容も大まかですが書かれていました。

その後、出演者としての念入りなメーク。

1本の放送時間は15分でしたが、撮影時間は1時間半ほど。現場には、出演者4人以外に照明やカメラ担当など20人ほどの関係者がいたでしょうか。それが現実なのです。

結果、僕たちが居間で見る番組が制作されていくのですから、端からは「主役」のように見える出演者なんて、スタッフの方々の手のひらの上で踊らされているにすぎないのです。彼らの長時間にわたる緻密でしかも献身的な努力に支えられていることは、いまさら言うまでもありません。

つい先だっても、親戚が集まる機会がありましたが、その席上、何かと褒められているのは僕の同居人（妻）でした。

「あんた（僕のこと）が東奔西走の日々を無事に過ごしていられるのは『奥さま』あってのことなんだよ」と。6人きょうだいの末っ子である僕としては、ただうなずくしかありませんでした。

承知の上だとは思いますが、智が何かと活躍できるのは、自分自身の力というよりは、縁の下で支えているスタッフの皆さん、マネジャー、そして子育てやら何やらと日々のサポートを惜しまない「奥さま」のおかげだと肝に銘じる機会としてください。

（2018年12月27日）

文通その32

やめられないゲーム

今やスポーツに？ 家庭内でルールを気になる、きょうだい間の経済格差

智より

「サンタさんに何をお願いするの？」
「ニンテンドースイッチ（ゲーム機）」

クリスマス前、子どもとの会話だ。ゲーム機本体は3万円超え！

そしてゲームは本体があっても、ソフトがなければ遊べない。ソフトを数本買ったらすぐに4万〜5万円となる！　参ったなぁ（汗）。

結果、サンタさんからは別の物が届いたのだが、それはそれで喜んでいたから良しとしよう。

なぜ、そのゲーム機が欲しいのか、それは群馬の実家にあるからだろう。年末年始、実家に遊びに行ったときも、隙さえあればゲーム。「もうゲームやり過ぎだからそろそろやめなさい」と注意している俺は明るいうちから晩酌。

テレビゲームをやめたかと思えば、今度は携帯ゲーム機でこっそりと遊び始める。それも終わったかと思えば、今度はスマホのゲームアプリ！

もうゲーム、ゲーム、ゲームで切りがない。俺も晩酌が止まらない！　どっちもどっちだ（笑）。

今の子育ては何かとスマホが活躍する。子育てについて調べるのはもちろん、赤ちゃんを寝かせるために音楽を流し、忙しくかまってやれないときは動画を流しておくと、おとなしくそれを見て待っていてくれる。

3～4歳になれば自分で操作も勝手に覚え、5～6歳になれば大人よりも使いこなせているのではないだろうか。

今の育児は「スマホ育児」とも呼ばれているそうだ。親子の目と目の交流がもっとあれば、子どものゲーム機やスマホへの関心は薄れていたはずだ。

2018年、世界保健機関（WHO）がゲームの依存症「ゲーム障害」を国際的に疾病として認めたことで話題になったが、今後世の中はどう変わっていくのだろう。

ユーキャン新語・流行語大賞のトップテンに入った「eスポーツ」という言葉はご存じだろうか。コンピューターゲームを使った格闘やシューティング（射撃）、スポーツなどの対戦を競技と捉え、みんなで観戦するのだ。

海外の一部では「ゲーム」はもう「スポーツ」。「プロゲーマー」は「スポーツ選手」なのだ！　優勝賞金が約12億円なんて大会もある。日本は「eスポーツ」後進国らしいが、今後どんどん発展していきそうだ。依存症が増えること間違いなしなのでは？

ゲームが悪いわけじゃない、良い影響もあるようで「創造力が増す」「視覚空間推理力が増す」……その他いろいろ。

親がやるべきことは「ゲームとの付き合い方」を子どもと一緒に考えること。他の活動とのバランス、違う楽しみを見つける、親子で一緒にやってみるってのも良い。家庭ごとにルールを決めて楽しく遊びましょう。

父より

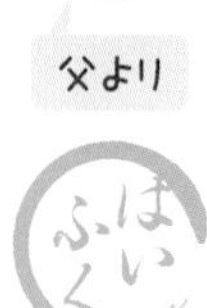

年末年始、僕の同居人（妻）は睡眠以外、立ち止まる暇もなく動き続けていました。

周囲に気を配ることなく（？）わが道を行く長男（北村ヂン、本連載のイラストレーター）を除き、三男の智ら子ども4人、そのパートナー、そして7人の孫たちの〝襲撃〟を受けたからです。

〝襲撃〟とは、いささか物騒な言い方ですが、久しぶりに家で過ごす僕にとっては、居場所がなく、自分の部屋に閉じこもり、それでなければ、居間で酒を飲み、ゴルフ場に逃げる日々でした。

だから、智が深刻に訴える〝ゲーム戦争〟については、自分たち親が近くにいるわけですから、承知して子どもにやらせているのだろうと冷ややかに見ているだけでした。

ゲーム機購入の話などを耳にするにつけ、親としての複雑な思いが脳裏をよぎります。智たち、きょうだい間の経済格差の問題です。

振り返れば、母子家庭、6人きょうだいの末っ子として生きてきた僕にとっては、ゲームがしたければ「持っている友人」宅に行って遊ぶことが当たり前でした。

「自分の物が欲しい」という思いを母親に感じ取らせることに罪悪感を覚えていたものですから、欲求を向けられ、それに応えられない親の気持ちはさぞかしつらいのかな？

結局は、どんな仕事に就くのか、誰と結婚するのか、どんな生活をするのかなど、すべて自身の意思で選んだわけですから、格差が生じるのは致し方ないのだとは思いますが。

僕など〝大甘じいじ〟ですから、僕に求めてきて、親が了解するのであればすぐに買い与えてしまいかねないことを知っています。

ところで、今回届いた「はいけい」を早速、僕の同居人たち（妻と次男の嫁）に披露すると、一様に「長野県の皆さんが誤解しないように書いてよ」と迫られました。

「日頃、わが家ではゲームは30分以内と決めていて、それを厳格に守らせていますし、子どもたちも時間制限があることを了解しているのですからね」と、くぎを刺してきたのは香港出身の次男の嫁。さらに「高額ゲーム機を持っていないことを承知しているし、楽しそうにゲームに興じている彼らに時間制限していいのか、ためらいを感じた結果ですからね。年に一度くらいやりたい放題させる時間があってもいいかなと思って」と。

話は変わりますが、平成最後となった年末年始、話題の映画「ボヘミアン・ラプソディ」にはまりました。

英国の伝説的ロックバンド「クイーン」のボーカルであるフレディ・マーキュリーの生きざまを描いたものです。45歳という限りある人生ではあったものの、自分の思うように生きた彼に共感するところが多々ありました。

特に、彼のメッセージ「幸せはお金では買えない！」が今も心に響いています。

（2019年1月24日）

身近にある国際化

この時代に純血主義？ グローバルなわが一家 子が国際結婚…地球儀を指さす孫たち

アラブ首長国連邦で開催されたサッカーのアジア・カップ（注・2019年1月5日−2月1日）。日本は惜しくも決勝でカタールに敗れ、準優勝だった。直前のイラン戦で好調だったから、決勝もいける！　と思っていた分、試合が終わった直後ぼうぜんとしてしまった。

サッカーは悔しい思いをしたが、その前に日本を沸かせたスポーツと言えばテニス！　大坂なおみ選手だ。全豪オープンでの優勝、そしてアジア勢で初の世界ランキング1位に輝いた。わずか21歳、人知れず努力した結果だろう。

俺の〝スポーツ人生〟と言ったら、小学生時代は地元のサッカークラブに入ったものの、最弱チーム。まだJリーグも開幕しておらず、テレビでサッカーを見ることもなく、サッカーのやり方が分からない連中の集まりだった。強くなるはずもなく、ただボールを蹴って追っかけているだけだった。

中学校では、大ヒットした漫画「SLAM DUNK（スラムダンク）」の影響でバスケットボール部に入部。「スラムダンク」は好きだが、バスケを知らない連中の集まり。さらにバスケを知っている先生もいないのだから、強くなるはずもなく、リングに「玉入れ」をしていただけだ。

高校では体験入部で他校にはあまりないという弓道部に興味を持ち、入部し、初日に弓具を購入するように言われた。一式そろえたら最低でも10万円近くいくのではないだろうか。まだ楽しさも知らないし、本気でのめり込めるかも分からないものに10万円って！ 部で所有している練習用とかないのかよ！ 次の日、俺は退部届を出した。

以上が俺のスポーツ人生だ。何かに熱中することもなく、努力もさほどせず、今の自分がいるのだから、本当にろくな人間じゃないなぁ。

話は、大坂なおみ選手に戻るが、プレーはもちろん、他に注目されているのがインタビューの様子だ。日本で生まれアメリカで育った大坂選手は、英語は流暢（りゅうちょう）だが日本語は勉強中とのことで、カタコトの日本語がかわいいと話題なのはご存じだろう。

自分の周りでも「大坂なおみのインタビューはかわいい」「かみ合ってないところが面白い」「声もかわいい」などと耳にする。

そんな中「大坂なおみって、どう見ても日本人っぽくないよな」。この言葉を聞いたとき「マジか！　こいつ！」とおったまげてしまった。

まだ、そんなことを言う人がいるのか!?

さすが島国、日本。この時代にまだ純血主義か？　海外では純血、混血なんてことを考えもしないのではないだろうか？　そんなことを言っていたら、差別だと捉えられるのではないだろうか？　芸能界だって、これだけハーフタレントが活躍している時代に「日本人っぽくないよな」って！　ダサ過ぎるって！

北村家を見ろ！　現在、結婚している俺のきょうだい4人中2人が国際結婚。グローバルだろぉ〜。

実家に帰省した際、義弟が海外の友達を連れて来ていて、外国にいる気分になったこともあるぞ！　各国の言葉が飛び交っていた。

外国に行ったとき、英語圏の国ではないのに、観光客相手に子どもが英語で対応していた！見掛けたのは1人、2人ではない。生きるために必死なのかもしれないが、のほほんと島国で生きている日本人は英語を話せる大人だって少ない。

俺は小学5年の頃「英語教室に行きたい」と親に頼み通わせてもらった。

そして今……。全く英語を話せない（笑）。努力は大切だ。

今月（注・2019年2月）、地元の前橋市駒形町組別卓球大会が開かれました。国内でも人気沸騰中の卓球。僕自身も久しぶりに興奮しました。

A、B、Cグループとあって、前年の成績でグループ分けが決まります。僕の組はAグループでしたから、町内会の最強6チームがリーグ戦を争うのです。

リーグ戦とは、総当たり戦のこと。男女4人ずつが、男女混合、男女別のダブルスとシングルスを行い、11ポイント制、2セット先取で勝敗が決まります。毎回5試合ですから、計25試合。午前8時半開会で、終わったのは午後3時くらいになっていました。

僕は副組長の名前をもらっているものの、準備のすべては同居人（妻）の仕事。

「選手になってくれる8人を確保するのに、どれだけ苦労したか」と愚痴られながら、たまたま時間ができた日曜日。インフルエンザで外出できなくなってしまった同居人に代わって、当日担当となったわけです。

結論を急げば「初優勝！」でした。終了後、美酒に酔ったのは言うまでもありません。会う人、会う人が「北村さんの組が優勝するとは信じられない。だって、どの選手を見ても勝てそうな人はいなかったものね」と。

「個々人には限りがあっても、みんなが集まると予想外の力を発揮するもの」と答えつつも、□

には出せませんが、「でかい声での応援が力を結集させた」と思い込んでいます。
ゴルフ以外、運動とはとんと縁がない僕ですが、思いがけない結果に競技スポーツの面白さを再認識することになりました。

さて、今回話題になっている国際結婚についてです。

国際結婚に憧れている方に、「簡単じゃないよ！」と申し上げておきます。

振り返れば、僕自身の結婚も端からみたら乱暴なものでした。母子家庭という環境に育てられた僕は、幼い頃から父と母のいる家庭を夢見て生きてきました。

そんなこんなで学生結婚。まだ医者になることが決まったわけではないのに、驚いたのは僕のきょうだいたち。「結婚したい」と伝えたときの母の戸惑いの顔が、今もよみがえってきます。働き蜂となって、6人の子どもを育てることに専念していた母には、自己主張する習慣もなく、ただ「そうかい」とうなずくだけでした。

そんな「我流結婚」を通したこともあってか、香港出身の女性、ネパール出身の男性との結婚をそれぞれ訴えてきた息子、娘に、「自分の納得した生き方をしてくれよ」と言うのが精いっぱいでした。

言葉や習慣の違い、食べ物、金銭感覚などなど、何をとっても高い壁が立ちはだかっています。でも、考えてみれば、日本に生まれ育ったからといっても、同じ波長の相手なんていないわけですから、結局は同じなんですけれどね。

我が家の居間に置かれている地球儀。孫たちは、折に触れて自分の母親や、父親の生まれた国を指さしながら、かつて訪れた国の思い出を懐かしそうに語っています。

これが国際結婚の醍醐味かな？

（2019年2月28日）

うその意味は

心配させないため？ 親へのうそに注意を うその背景考え、寄り添って

吉本興業が世間を騒がせている（※）。これについて先輩芸人キートンさんのSNS（会員制交流サイト）でのコメントを紹介したい。「ちゃんと仕事、営業を入れて、ちゃんとしたギャラが振り込まれたら、闇営業なんて行かねーよな」というものだ。

闇営業はもともと、会社を通さない直接営業を指す。今回は、反社会勢力（反社）との関わりが問題視された。

キートンさんはネット上で、コンプライアンス（法令順守）研修に出席したことを取り上げた。研修では、「反社の集団に共通することは「弱者から金を巻き上げること」と説明があったそうだ。吉本もそうじゃねーか！ と全芸人が心の中でつっこんだことでしょう、とキートンさん。

今後のマネジメントや待遇の改善、契約などについての話はなかったという。

約40分の研修を1行でまとめると、会社は変わらない、反社に気をつけろ、何かあったら切

る、といった感じだそうだ。

俺は、このつぶやきを読んで「ははは、その通りだ」と感じた。面白い会社だ、今後どうなるんだろう？

さて、今回の「はいけい」。反社との付き合いはもちろん大問題だが、最初にお金をもらっていないという「うそ」をついてしまったことも大きく報道され問題となった。

そこで、うそについて考えることにした。

人は一日何回うそをついているだろうか？

単なる二日酔いなのに「今日ちょっと体調不良で……」とお酒を飲み過ぎたことを隠す、寝坊して遅刻したときは「道が混んでいて……」、遊びに誘われ、用事もないのに「その日はちょっと……」、疲れてもいないのに「疲れたぁ」。あ、これ全部俺がよく使ううそだ（笑）。

子どもの頃も頻繁にうそをついていた俺。きょうだいが多かったこともあって、まずは親の関心を引くためのうそだ。

他には叱責（しっせき）から逃れるための突発的なうそ。「これ壊したの誰？」「知らない」。その後、結局バレて怒られる。「俺です」と正直に答えていたとしたら……。結局怒られる。なんやねん！

まあまあ、こんなレベルのうそのやりとりならかわいいもんだ。一番注意しなければいけな

いのは〝親を心配させないためのうそ〟ではないだろうか。

うちの子がはさみを使って遊んでいたとき、急に手を後ろに隠した。

「どうしたの?」と聞くと「何でもない」と答えたが、腕を引っぱり、手を見ると、指が血だらけ。

どうして隠そうとしたのか? 怒られると思ったのか、心配させたくなかったのか?

このときは、子ども自身も驚いて、どうしていいか分からなかったのだと思う。

「今日、学校で何かあった?」

「何もない」

こうしたやりとり(うちはまだない)が心配だ。学校でのいじめやその他の問題が潜んでいるかもしれない。いろんなうそが世の中に飛び交っているが、このうそには注意したい。うそをつくことはもちろんいけない。だが、この事例の場合、うそをつかれた側にも問題があるのではないだろうか？

子どもは絶対シグナルを出している！ そのとき、親はどうしたらいいのか。

後は頼んだぞ、おやじ！（笑）

「後は頼んだぞ、おやじ！」と挑戦状を突きつけられたものですから、いつものように早めに「はいふく」を書いて送ったところ、「これでは俺の求めているものとかみ合っていない」との返信があって意気消沈。自分なりに書き上げたものを否定されたこともあってか、最近までまったく原稿が進みませんでした。

今回のテーマは「うそ」。

「うそ八百」「うそも方便」「うそつきは泥棒の始まり」など日常よく使われていることわざがあります。「うそ八百」ともなると、すべてがデタラメということで、完全に信頼を欠いてしまいます。一度信頼を失うと、人間関係を修復するのは至難の業です。「うそも方便」は、僕もしばしば使っていることです。

中高校生に対する性の健康教育の目的は、目の前で話に耳を傾けてくれている子どもたちに、勇気と希望を抱かせられるかだと思っています。だから、「僕はねえ、高校時代、実にモテてねえ」ではなく、「フラれてもフラれても雑草のように立ち上がって」と言う必要があります。

女性との関わりについても、「欲求を抑えることができずに、ひたすら行動に走っていた」では教育になりませんから、「僕は、マスターベーション（自慰行為）を上手に使うことで、迫り来る欲求と戦った」となるわけです。

これなど、まさに「うそも方便？」。僕の場合には、これはうそではなくホントのことなのですが……。

子どもは親になぜうそをつくのか？

「うそつきは泥棒の始まり」とあるように、うそをつくことは悪いことという決めつけがあります。親としては、正直な子どもであってほしいと願うでしょうが、怒られることが分かっていて真っ正直に語る子どもがどれほどいるでしょうか。

例えば、「この間のテスト、どうだったの？」と尋ねたとします。実は、30点という残念な結果が既に手元にあるのですが、子どもとしては「まだ返ってきていない」とうそをつくかもしれません。「何でうそついたの?」と数日後に問い詰められるのに、せめて雷が落ちる時期を先延ばしさせたいという、子どもなりの防衛本能なのです。このように、子どものつくうそが、日頃の親の言動に原因があることが少なくありません。

「次に頑張ればいいじゃない!」と、のんきに構えられないでしょうが、一番苦しいのは30点を取った本人なのですから、ここはひとつ我慢して、「つらかっただろうね。努力のかいが実らないことだってあるよね」と寄り添うのも、ありかなと思います。

いずれにせよ、子どもの「うそ」の背景に隠されていることを真剣に考えた上での声掛けが必要だということです。

ところで、闇営業で当初ギャラはもらわなかった——とついた彼ら大人の「うそ」の背景には何があったのでしょうね。

(※)……吉本興業など大手芸能事務所に所属する芸人が、2014年12月に振り込め詐欺グループ主催のパーティーに会社を通さずに出席し、金銭を受け取っていたことが2019年6月に写真週刊誌の報道から明らかに。吉本興業は所属芸人13人を謹慎処分とした。

(2019年7月25日)

消費増税にもの申す

消費税10％は何のため？ 暮らしは大丈夫？

頭のいい人、教えてくれ！　消費税が10％ですよ。何のために？

俺が小学生の頃、消費税３％が突如登場。１００円だった自動販売機の飲料が、なぜか１１０円になったのをよく覚えている。

数年後には５％、２０１４年に８％。そして10％だ。数十年後はいったい何％に引き上げるつもりだろう？

「消費税を上げる」と言った今までの総理大臣は、国民からバッシングを受けた。「消費税は上げない」と宣言しても、選挙が終わってしばらくすると、また消費税の話を復活させる。選挙を境に、そんな繰り返し。２度の延期を経て、ついに10％へ。新たに「軽減税率」も導入するって！

増税は何のため？　国の借金返済のため？

増収分は全て社会保障に充てるって言ってませんでしたっけ？

本当は何に使うの？　法人税・所得税ではなく、なぜ消費税を上げるの？　どうして貧しい俺からお金を取るんだぁ～！　とは言ってみたものの、俺には政治の仕組みがよく分かっていない。40歳にもなって情けない（反省）。

消費税が10％になるのを知ったときも実は「へぇ、そうなんだぁ」って思ったくらいだった。皆さんは増税についてどう思われるだろうか。賛成？　それとも反対？

先日、子どもの頃に親の仕事の都合でイギリスに引っ越し、昨年日本に帰って来たという、俺と同い年くらいの男性にお会いした。今は長野県の古民家に住んでいるとのこと。人生で初めて野菜を畑で収穫して食べて、めちゃくちゃおいしく感動したそうだ。つらいのは、冬は家の中まで寒過ぎることだそうだ。

その男性と消費税の話になったのだが、日本の消費税が10％になるなんて何とも思わないというのだ。なぜならイギリスの消費税は20％だからだ。

税金が高い分、社会保障などが充実しているのか尋ねてみた。

医療費は無料、福祉制度が充実しているとのことだが、その男性は問題点も話してくれた。日本の生活保護のような制度が充実し過ぎて仕事をしない人がいる！

イギリスっていうとロンドン、オシャレってイメージかもしれないが、治安は必ずしも良い

とは言えず、毎日違う道を通って家に帰っていたという。薬物問題があり、田舎の子どもも荒れていてかわいそうだった——と。

これらは、その男性の個人的な見解なので、反対意見のブーイングは受け付けませ〜ん。

どうです？　日本は幸せじゃないですか？

その男性もしきりに「日本は幸せですよ」とおっしゃっていた。

日本は大丈夫！　頭のいい人たちが考えに考えて国を動かしているはずだから。俺らは今まで通りに生活することができる……。本当に大丈夫だよね？

吉本芸人というのは、笑いを取るのが仕事だと思っていたけれど、最近の「北村さんちのオトコの文通」はマジメな話題が続いていて、読者の方々に飽きられないか心配しています。

ただ昨日、僕の所に取材に来られた大手新聞の記者さんから、「数カ月前まで長野に赴任していて、連載を楽しみに読んでいました。その〝こてつさんのお父さん〟に、こんなに早く会える日が来るなんて夢のようです」と。リップサービスとはいえ、うれしいやら恥ずかしいやら。気に入らないのは〝こてつさんのお父さん〟という言い方。「北村さん」でいいんじゃないですか？

余談ですが、今月（注・2019年9月）わが家はハッピーバースデーが続きました。11日が次男（42）、12日が智（40）、13日が智の長男（7）、そして14日は末娘の相手（35）。僕のスマホの「メモ」には、僕と妻から広がった人間関係図19人分の生年月日が記録されています。

僕が消費税に興味を持ったのは、10代の若者が確実な避妊をしたい、性感染症の検査や治療をしたい、と考えたときに、どれだけの経費が掛かるのかという国際比較をしたときでした。

日本では、性感染症の心配があると訴えてクリニックを訪れた若者（大半が女性）に、保険を使って検査や治療を行うことはできますが、必ず3割負担を求めます。

親には知られたくないというのが若者の偽らざる心情でしょうし、「保険証を使ったら親にバレるのではないか」という不安もあって自費で検査をすることが少なくありません。当然ながら相当なお金が掛かりますし、早期発見・治療が遅れる原因の一つになっています。同じように、避妊を目的としてピル（経口避妊薬）の服用を求めて来た場合には保険を使うことはできません。

その一方で、僕の手元にある資料によれば、10代の若者の場合、スウェーデンでは公私に関係なくクリニックの利用は無料ですし、ピルの使用について最初の3～4カ月は無料。その後は1カ月ごとに100～300円程度。

フランスの場合、公的なクリニック受診は無料ですが、私的なクリニックではいったん全額を負担するものの、保険で8割は戻るとのこと。ピルについてもクリニックでは無料、薬局でもらう場合には1カ月分が100～700円とあります。イギリスでは、これら一切にお金が掛かりません。

こうした国々の消費税を見ると、スウェーデンは25％、フランスとイギリスは20％だと知りました。消費税について言えば、ハンガリーは27％で世界最高、台湾やカナダは5％で最低の水準だそうです。

日本の場合、消費税で得た収入は年金や医療、介護などの社会保障や少子化対策の費用に充てることが消費税法で義務づけられています。目的に沿った税金の使われ方がされているのか、厳しい目でチェックしていく必要がありそうです。

（2019年9月26日）

Ⅵ あらためて　カゾクについて

親子で一緒にお風呂

わが娘といつまで入れる？ 複雑なパパ
子の意見尊重を、離れる勇気も必要

「うちは家族みんなでお風呂に入ってるよ。イモ洗い状態だけど、みんなで入って光熱費を節約、節約！」と女性スタッフ。

「え？　だって上の子、もう中学生じゃない？」と俺。

「そうそう、もう普通に女性の体つきになってるよ」

「お父さんと一緒にお風呂入るの嫌がらないの？」

「お父さんといつまでお風呂入るの？　とか、こっちから聞くのも変だから何も言わないでいる」……。

テレビのロケの移動中、子持ちの女性スタッフとそんな会話になった。

一緒にいた女性リポーターに聞いてみた。

「○○ちゃんはいつまでお父さんとお風呂に入ってた？」

「私は小学3年か4年かな」

「入らなくなった理由は?」

「学校でお父さんと一緒にお風呂に入っているか話題になって、そのとき、まだ一緒に入っていたんだけど、『私、入ってる』って言えなくて。それから入らなくなった」

「へー」

人ごとのように「へー」なんて言ってしまったが、うちの娘がまさに現在小学3年生! 人ごとではなかった。

今はまだパパと一緒に入ってくれているが、そのうち入ってくれなくなるのか? うぅ〜〜、考えただけでも悲しい(涙)。

そう言えば、最近様子が変わってきた!

先日、群馬の実家に行ったとき。今までは「お風呂入るぞ〜」と言えば、リビングで裸になり、キャッキャしながらお風呂場に行くような感じだったのが、脱衣所に入り「パパ、扉を閉めて」なんて言い出した。じじばばやおじおばに裸を見られることを気にしているのか?

何も考えず、俺1人で子ども2人を連れて温泉に行ったとき、入る直前になってふと思った。

「娘は男湯に入れて良いのか?」

娘に聞いてみた。

「男湯に入る? 女湯に入る?」

「他に誰もいなかったら男湯に入る」

男湯をのぞいてみると他にもお客さんがいたので、娘は女湯に1人で入ることに。俺が女湯に入っても良いのなら、それが双方とも一番都合が良いのだが（笑）。

出る時間を決め、俺は保育園年長の息子と2人で入った。時間になって外に出ると、ポツンと娘が椅子に座り待っていた。

「いつ出たの。待った？」。娘は答えた。「さっき出たとこ」

「1人で大丈夫だった？」「うん」

続けて娘はこう言った。

「けど……つまらなかった」

なんて言ってよいのか、一瞬言葉に詰まった。

「んん……んじゃ、男湯に誰もいなくなったら、もう一回みんなで入ろうか」

その後、みんなで男湯に入り、楽しそうにしている娘を見てホッとしたような、胸がつまるような複雑な感情だった。

子どもの成長、うれしいような悲しいような。

初めて寝返りをしたとき、つかまり立ちができたとき、おっぱいから離乳食へ、歩けるようになり初めて手をつないで散歩、下の子が生まれてけなげに我慢、あっという間に小学3年生。最近は学校帰りに友達と遊んでくるから帰りも遅くなったし。

そのうちお風呂も入ってもらえなくなって、さらにパパと遊んでくれなくなるのかなぁ（涙、涙、涙）。

父より

2017年10月に放送された、日本テレビ系の情報番組「スッキリ」での剛力彩芽（ごうりきあやめ）さんの発言が話題になったことがあります。

「母親とはしょっちゅうだけど、時には父親とも一緒にお風呂に入る」と。これには、ネット上などにさまざまな意見が寄せられたといいます。

「娘さんと何歳まで一緒にお風呂に入るか」については、性教育に関連した取材があると必ず向けられる質問です。

そんなとき、僕は必ずといっていいほどに、「子どもの意見をまずは尊重すべき」と回答するようにしています。わが娘だからといって、決して無理強いしてはいけないということです。

「それならば……」と前置きして、必ず追加質問が向けられます。

「娘さんが望むのであれば、何歳までもいいのか」と。

それほど根拠があるわけではありませんが、分かりやすいところで、「初経を迎えるまでですかね」。

子育てには、親離れ、子離しの時期が必ず来ますし、多少の未練があったとしても、そう決断する勇気が必要だからです。

以前、アメリカ人に同じような質問をしたことがありますが、父親と娘、母親と息子の関係は、何と言われようと「異性」同士なわけです。恋人や夫婦であればまだしも、親子である「異性」が一緒に風呂に入るというのは、虐待にも近いと言われたことがあります。

2015年に朝日新聞デジタルが行ったアンケート結果によれば、「親とのお風呂、いつ卒業?」という質問に対して、「父と娘」の場合、4・0％が「入ったことがない」としたものの、「小学前まで」が8・0％、「小学低学年まで」が20・6％、「小学高学年まで」が29・7％、「中学まで」が16・6％、「それ以上」が21・1％でした。

一方で「母と息子」については「入ったことがない」が9・6％で、以下はそれぞれ19・2％、28・9％、23・1％、7・7％、11・5％となっていました。

これはあくまでも大人に向けられた質問ですが、「小学高学年までに卒業」という意見は、「父と娘」で58・3％、「母と息子」は71・2％ですから、「父と娘」の方が「母と息子」よりも一緒に入浴する期間は長いようです。

これなど、父親が娘に強要しているのか、それとも、息子が母親との入浴を拒否している姿の表れなのか、もう少し詳しく探ってみたいところです。

（2018年7月26日）

ばあちゃんの死

病室に別の人が 頭の中は真っ白！ 身近な人の死、全身で感じ取る大切さ

俺が3歳になる直前、おやじの母親（つまり祖母）と同居することになった。おやじには上に2人の兄と3人の姉がいるにもかかわらず、どうしてそうなったのか知る由もなかったが、大好きなばあちゃんと一緒に住めることは子どもなりにうれしかった。

今回は、ばあちゃんの「死」を俺がどう受け止めたかを書こうと思う。

「今朝、お亡くなりになりました」

ばあちゃんの死を知ったのは看護師さんの言葉からだった。1995（平成7）年8月19日のことだから、俺が高校1年のときだ。

普段と変わらない夕飯。早く食べ終わった子どもたちは食卓を離れテレビを見ていた。ゆっくり食事をしていたばあちゃんが食べ終わった食器を台所に運ぼうとすると〝ガチャ～

ン〟と茶わんを落とした。割れていなかったので特に気にすることもなく、またテレビに顔を向けた。すると再び〝ガチャ～ン〟。

「え？」

〝ガチャガチャガチャ～ン〟。

「え！　え？」

ばあちゃんは軽い脳梗塞で入院することとなった。

その後、脳梗塞が進行。入院は長引いた。交代で看護をしている親たちは実に大変そうだった。俺も学校帰りに何度も見舞いに行って話しかけた。というのは、意識がない状態でも時々言葉を発していたからだ。親たちがそれをメモしていた。そこにきょうだいの名前はあったが、俺の名前はなかった。

くやしぃ～！　結構、かわいがられていると思っていたのになぁ。

ある日、友達と泊まりで遊びに行っていた帰り道、ばあちゃんの病院の近くを通ったので「先に帰ってて～」と友達に伝え、俺は病院へ。

病室に行くと、ばあちゃんのベッドには別の人が寝ていた。

「あれ。階を間違えたかなぁ？　ベッド移動したのかなぁ？」

一応、上下階の同じ位置の部屋を見に行ったが、どこにもばあちゃんがいない。

近くを通った看護師さんに聞いた。

「このベッドにいた、北村○○（ばあちゃんの名前）はどこかに移動しましたか？」

返ってきたのが冒頭の言葉です。

すぐに理解できなかった。初めての身内の死。死なないと思っていた。

え……もう、いないってこと？　どういうこと？　頭の中は真っ白。ん？　俺はどうしたらいいんだ？　ってか、俺はポケベル（ポケットベル）持っているのに、どうして家族は誰も連絡をくれないいんだぁ!!　怒りと悲しみが入り交じりながら、必死に俺は自転車をこいだ。

家に着くと親戚一同が既に集まっていた。俺だけが遊んできた格好で恥ずかしい。部屋の真ん中にばあちゃんが寝ていた。

「死」。それは誰にでも、いつかやって来るものだと理解した。いつかやって来るものなのだから、それを死に急いではならない。

最近、一つ年下の仲間が死んだ。酒好きで、たばこ好きで。俺と一緒じゃねーか。特殊詐欺防止でも言われることだが「自分は大丈夫！」という考えを捨てなければ。

と、言いながらこの原稿を、俺は酒を飲みながら書いている。おい！　俺よ！　しっかりしろ！　ばあちゃんのようにすてきな人生を全うしろ！

最後になるが、「ネーティブアメリカン（アメリカ先住民）の教え」を紹介しよう。

「あなたが生まれたとき、周りの人は笑って、あなたは泣いていたでしょう。だから、あなたが死ぬときは、あなたが笑って、周りの人たちが泣いている。そんな人生を送りなさい」

そんなことがあったんだね。今となってはわびのしようもないけれど、僕の母、智にとっては祖母が亡くなるときには、延命措置をするか否かで兄姉との意見の食い違いがあったのです。

主治医は「人工呼吸器を着ければ、しばらく命を永らえさせることができます。どうしますか？」と僕たち家族に決断を迫ってきました。

相当思案した揚げ句、僕は着けないことを医師に伝えました。兄姉からは反発の声が上がりました。「まだぬくもりがあるのに非情だ！」と言うのです。でも、僕は頑として引きませんでした。「生きているってどういうことだろうか。〝息〟をしていれば〝生き〟ていることになるのだろうか？」

どこまで納得してもらえたかは分かりませんが、最終的には母と同居している僕の決断を支持してくれました。

それにしても、告別式のときに、孫たちからおばあちゃんに向けられた手紙の数々には感動しました。喪主として凛とした態度を保っていなければならないのに、涙を抑えることができませんでした。あと10年もすれば、亡くなった母の年齢になろうという僕にとっては、今思い出してもうらやましい時間でした。女手一つで6人の子どもたちを育て上げ、苦労の連続だった母にとってはいい旅立ちの日になりました。

高校生になっていたとはいえ、智が身近で大切な人の「死」を全身全霊で感じ取れたことは、とても良かったと思います。

最近、子どもたちの心が折れやすくなっているということが話題になっています。「キレル」なんて言葉も気になりますし、10代の若者の死因第1位が「自殺」だということも僕を沈痛な気持ちにさせます。そんなことを考えている折に、京都大学大学院の藤井聡教授の話を聞く機会がありました。彼によれば「死」に対する想像力が、「折れない心を育む」と言うのです。

生きていれば、何かと危機に遭遇し、時には、ごく当たり前に過ぎていた日常が何かの加減でもろくも崩れることがあります。しかし、それは不思議なことではなく、十分に起こり得ることなのだと受け止められれば、うろたえることがなくなります。むしろ、逆に、何げなく過ぎている日常に感謝する力すら身に付けることになります。

思春期の子どもたちの「折れない心を育む」には、思春期の子どもたちから「死」を遠ざける

のではなく、「死」は身近で当たり前なのだということを知らせることが大切なのです。

今の時代、死を迎える場所が自宅ではなく医療機関になっていることもあって死の悲しみや、つらさを実感できなくなっています。お墓や仏壇なども、子どもたちから見えないところに行ってしまいました。

その一方で、死を含めてショックを被った心の回復には「希望」が必要です。「生きていてもどうせダメだ」では明日を生きる力を発揮できないからです。

死と希望。「折れない心を育む」を考えるきっかけにしたいものです。

（2019年5月23日）

息子と父親

親より強くなったら、子が〝守る〟番
悲しい親子の結末、自分だったら…

子どもの頃、家のすぐ裏にスーパーがあった。北村家はもちろん常連客。何かと母親に買い物を頼まれていた。

「お菓子も買っていい?」「100円までね」

おやじとスーパーに行くときは決まってかけっこが始まる。

「よーい、スタート」

運動神経には自信があった俺だが、おやじには全く及ばなかった。とても速かった。なので手をつなぎ、引っ張ってもらいながら走るのが好きだった。あの疾走感と浮遊感のスリルがたまらなかった。

地区の「ちびっ子相撲」に参加していた俺。体は小さかったが負けず嫌いで力にも自信があった。地区予選を勝ち抜き、市の大会でも入賞するほどだった。

家でおやじに相撲の稽古をしてもらった。「はっけよい、のこった」。手も足も出なかった。

とても強かった。

分からない勉強を親に教えてもらう。小学校レベルなら母親もすぐに対応できたが、それ以上はお手上げ。忙しいおやじにはほとんど勉強を教わることはなかったが、何度か聞いたことがある。見事に答えを出すのだ。

高校のとき、親に相談もせずアルバイトを始めたことがある。

「夕飯はみんなで一緒に食べる（おやじは抜き）」がルールだった北村家。バイト先でまかないを食べ、帰宅時間も遅くなり、勉強もおろそかに。

ある日、おやじの雷が落ちた。玄関を開けると、おやじが仁王立ち。俺たちは取っ組み合いになった。

「何時だと思ってんだ！　そんなバイトやめろ！　高校生の仕事は勉強だ！」

「うるせー」

俺はグッと力を入れた。そのとき、おやじが少しよろけたのだ。俺はそれ以上、力を入れるのをやめた。俺の大好きだったTシャツが真っ二つに裂け、その場は収まった。

俺は感じた。初めておやじに追い付いたと。他はまだ全て負けているけど、力だけがやっと追い付いたと。

その後、互いに年を重ね、こちらもいろんなことを経験し、他にもおやじに追い付いたり追い越したりしている部分があるだろう。分かるか!? 親は老いる。子は少しずつ親に追い付き、追い越す部分が増えてくる。

親より強くなるんだよ。そしたら次にやることは?

〝親を守ること〟だろ!

元農林水産事務次官の父親が息子を刺殺した事件（※1）を知ったとき、悲痛でたまらなかった。父親はどんな思いで……。しかし殺人は殺人だ。

人はなぜ何かと比べたがるのか。親に追い付けないと思ったら全く別の道へ行け。叱ってくれる人に感謝しろ。叱ってくれる人がいなくなったら、その先にあるのは孤独だ。

自分に誇れることがないからって人をいじめるな。人を下げる発言をすることで、自分が上がったつもりになるな。嫌なやつとは付き合わなくていい。覚悟を決めろ!

父より

はいふく

最近の本欄「北村さんちのオトコの文通」では、智に学ぶことが多くなっています。今回もそう。「次にやることは? 〝親を守ること〟だろ!」には泣かされました。

また、「自分に誇れることがないからって人をいじめるな。人を下げる発言をすることで、自分が上がったつもりになるな」のメッセージにもいたく感動しました。

この連載も3年を超えていますが、月1度とはいえ、回を重ねるたびに〝ただごとではない文通〟になっているように感じているのは、僕だけではないと思います。

元農林水産事務次官の父親が息子を殺したという事件をテレビ報道で知ったときに、真っ先に僕の脳裏をかすめたのは、息子が44歳、父親が76歳という年齢。これでは間違いなく体力的には勝てないなということでした。

次に、自分がこの父親の立場だったらどうしただろう。このような問題を個人で抱え込むのは酷だという気持ちでした。とても悲しい結末になってしまったことだけは確かです。

それにしても、腹立たしいのは報道の姿勢です。事件が起きたのはあたかも「引きこもり」に原因があるというような論調が目立つこと。この父親がくしくも語った「川崎の事件（※2）がよぎった」という言葉。これなど、メディアが盛んに「引きこもり」と事件を関連づけようとし、「自分の子どもが同じような事件を起こしたら心配だ」という不安をあおっていないでしょうか。

統計的に見ても、「引きこもり」が起こす事件などは極めてまれだということは明らかです。「引きこもり」による新たな事件が誘発されないか心配しています。

「８０５０問題」という言葉をご存じでしょうか。80代の親が50代の子どもの生活を支えて困窮するという問題です。背景には子どもの「引きこもり」があるというのです。

内閣府がこの3月（注・２０１９年）に公表した調査では、40～64歳の中高年で「引きこもり」の人は推計61万3千人で、15～39歳の約54万人を上回っています。

「引きこもり」状態になったきっかけ（複数回答）は退職が最多の36％で、期間は7年以上が半数近くを占めているといいます。

これだけの数の「引きこもり」が話題になっている今日、事件を「引きこもり」と関連づけてしまう報道は迷惑千万な話です。

川崎の殺傷事件についても、「人を巻き込まないで、死にたければ一人で死んだら」などという無責任な言葉が向けられていますが、これも配慮に欠けていると言わざるを得ません。これでは、「人に迷惑をかける前に一人で死んでくれ」と言わんばかりです。

なぜ「人を殺めるな」「死なないでくれ」と叫ばないのか。

つらいことがあることは分かりますが、一人で悩まないで、身近にある相談センターなどへの相談を促すことの方が大切ではないでしょうか。

（※1）……2019年6月1日、東京都練馬区に住む元農林水産事務次官（76）が、同居する無職の長男（44）を包丁で刺し殺したとして逮捕、起訴された。父親は長男が中学生の頃から家庭内暴力を振るい、事件の数日前に同居してからは度々暴言や暴力があり、身の危険を感じていたなどと供述した。

（※2）……2019年5月28日朝、川崎市多摩区の路上で、51歳の男がスクールバスを待つ区内の私立小児童らを包丁で襲い、6年女児と別の児童の父親が死亡、18人が重軽傷を負った。男は直後に自ら首を刺し死亡。川崎市は男が長期間引きこもり傾向にあり、親族から相談を受けていたと発表。引きこもりの当事者や家族が誤解や偏見が広がりかねないとの懸念を表明した。

（2019年6月27日）

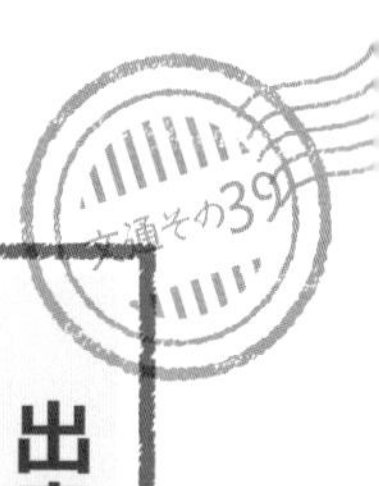

出産の重み

身内の死産、どう声掛ければ…
当たり前ではない、安全な妊娠・出産

どこにでもいそうな若い夫婦の話だ。

「私、妊娠したみたい」

「えっ！　本当に？　何カ月？　やったぁ～！」という思いと「マジか！」と少し戸惑いも…。これまでと同じ生活はできないな～と覚悟する夫（笑）。

生活は少しずつ変わった。２人で楽しんでいた晩酌はなくなり、それはそれで家計の節約になった。

夫は「安定期を迎えるまではおとなしくね」なんて言ったり、「ごみ捨ては俺がやるから」「そんな重たい物は持たなくていいよ」「座っていなよ」……。なんて優しさを見せたりもする。

男女どちらの赤ちゃんが生まれても使えるように、白や黄色のベビー用品を買う。

性別が分かると一気にベビー用品の購入が目立ち、妻への思いやりも増え、幸せいっぱい。

超音波（エコー）検査で撮った赤ちゃんの写真を２人で見てニコニコ。

おなかに向かって話し掛ける。地域の子育て支援サービスを調べたり、今後の仕事について話し合ったり、今しかできないことを楽しんだり。

妻の気持ちがおなかの子に向き過ぎて、ちょっと嫉妬する夫。いよいよ臨月になると、妻は里帰りだ。暇あるごとにメールでやりとり。

夫はドキドキしながら毎日仕事に行き、寂しさとワクワクを混在させて暮らす。

「陣痛が来たよ」。そのメールを見た途端、仕事が手につかない。会社にもその旨を伝えて、早退。その足で病院へ直行。移動中もずっと落ち着かない。いよいよ、自分と同じ遺伝子を持った分身が生まれる！ ドキドキ、ワクワクが最高潮！

出産までの十月十日（とつきとおか）、それぞれのカタチはあるだろうが、どの夫婦も新しい命を待ちわびる。

病院にダッシュ！ 間に合えば立ち会い出産で感動の涙。間に合わなくても、わが子と初対面し、「お疲れさま」と妻に声を掛け、感動の涙……。

これが当たり前のストーリーだと思っていた。

しかし、身内で、当たり前だと思っていたことが起きなかった。

「死産」。その事実を聞いた瞬間、理解ができなかった。今でも、受け入れられていない。となると、当事者本人たちの気持ちの乱れは計り知れない。

十月十日、どんな気持ちで過ごしてきたか。不器用な俺は、いまだに彼女たちに声を掛けられない。何て言っていいのか分からない。

母子ともに健全、人の命の誕生は当たり前、ではなかった。

「そう来たか」という思いで、「はいけい」を受け止めています。

この話題は僕の末娘、つまり三男である智の妹のことです。

臨月になって、孫の誕生を今か今かと待ちわびていたところ、真夜中の2時くらいだったでしょうか、「陣痛が始まったので今から入院します」と連絡が入りました。

その直後、僕の携帯電話に突然、同じ産婦人科仲間でもある主治医から電話が入りました。「心音（心臓の鼓動の音）が取れないのです」と。「残念ですが、IUFD（子宮内胎児死亡）のようです。力及ばず申し訳ありませんでした」

誰が悪いわけでもありません。当日の分娩に立ち会った僕の印象からは臍帯（へその緒）が原因ではないかとの結論に達しました。

胎児死亡が確定していながらの出産には、とてもつらいものがあります。まさか僕の家族でこのようなことが起ころうなんて。

9カ月近く胎内で大切に育ててきたわが子の突然の死。喪失感に襲われ悲嘆する娘をどうケアしていけるのか。時間がかかるかもしれませんが、しばらく見守っていくしかありません。

一般的に妊娠16週頃に入ると、妊娠初期よりも流産のリスクが低くなるとされ「安定期」と呼ばれることがあります。安定期に入れば安全だと多くの方が考えがちですが、妊娠・出産を安心、安全に終えることの難しさを改めて教えられました。

2018年人口動態統計（概数）によれば、周産期死亡（妊娠満22週以後の死産と生後1週未満の新生児死亡の合計）は3046人。妊娠したからといって、誰も当たり前に生まれてくるわけではないことを、読者の皆さんにはぜひ知っていてほしいと思います。

ところで、この文通を通して、智の真意が聞けて良かったです。出産当日、家を離れている智と仁（長男）にも、事実を伝えました。にもかかわらず、なしのつぶて。「男なんて、妹のつらさも思いやれないのか！」とそう感じていました。でも、今回の「はいけい」を読んで、妹にどのような声を掛けたらいいのか妙案が見つからなかったのですよね。

気持ちは分からないでもありませんが、無言では、残念ながら気持ちは伝わりません。1本の電話、1行のメールでもいいのですから。

個人的な話を持ち出すことで、読者を不快な気持ちにさせないかと心配しながら原稿を書いています。共感が得られるのか？　それとも、自分の経験で同情を買うな！　になるのか？

いずれにせよ、「お産を甘く見るな」が、僕のメッセージではあるのですが……。

（2019年8月22日）

文通その40

講演会を体験して

「おやじに追い付きたい」初挑戦は大爆笑 修羅場乗り越える力を常に

智より

「どんなカタチでもいい、俺を超えてみろ！」。そう言ったおやじは俺の一生のライバルだ。まだまだ追い付けも追い越せもできていないが、俺は〝あの日〟からひそかに考えていたことがある。

あの日とは、信毎さんのイベント「『私の声』の集い」（２０１７年11月・１０２～１０６ページ）のことだ。

「親子の本音対談」で、おやじと一緒にお客さまの前でお話をさせていただいた。お笑い芸人として大きな声でワイワイと人前でネタをするときの雰囲気とは全く違う、貴重な体験だった。

子どもの頃から週末は日本各地に講演会へと出掛けていたおやじ。俺もネタではなく講演会もできるのではないか。少しでも追い付けるのではないか！　そして〝講演をしたい〟という思いが湧き上がってきた。

そんなある日、俺に依頼が来た。長野県の北部、上高井郡市ＰＴＡ連合会学級会長研修会で講演をしてほしい、とのことなのだ。願ったりかなったり、二つ返事で引き受けた。

さて、何を話したら良いのか、という不安は多少あったが背伸びしてもしょうがない。俺が話せることは自分が生きて来た人生のこと。俺の生い立ち、北村家の性教育、子育て、芸人についてだ。

講演会のタイトルは「北村家の子育て〜医者の子は芸人⁉」に決まった。

その日から、話すことをまとめる作業に取りかかる……はずだったのだが、学生時代からテスト勉強は毎回一夜漬けタイプ。あっという間に講演会前夜。家でいつもの位置に座り、いつもの缶チューハイをプシュッと開け、話す内容を紙に落とし始めた。

あーだこーだ考えていると、いつもの晩酌は500ミリリットル缶が2〜3本のところ、いつの間にか6本になり絶好調で当日を迎えた（笑）。

多少緊張もありつつ講演がスタート。言葉に詰まったとき、助けを求めればいつも隣にいるコンビの相方は今日はいない。自分で引き受けたお仕事だ。やり切るぞ！

そして俺は笑いも入れつつ言いたいことを言い切った。よしっ、と思い舞台袖に目を送ると、スタッフがこちらを見ている。身ぶり手ぶり、口パクで俺にこう言った。

「あと15分です！」。〝ドS〟なスタッフがニヤニヤしていた。

1時間と頼まれていた講演会。全て言い切ったと思ったが、15分ほど残っていた。

困った俺は、仕事の裏話などで笑いを取り数分稼いだが、それでもまだ時間がある。最終手段として「何か質問がある方いらっしゃいますか？」。

こういう場ではなかなか手は挙がらないものだが、1人が手を挙げてくれた。その方はこう言った。

「北村さんの髪形はいつもボリュームたっぷりでキマっていますが、セットにはどれくらいの時間がかかっているんですか？」

講演の内容とは全く関係のない質問に会場は大爆笑！

予定の時間を迎え、会場からも大きな拍手を頂き、舞台袖に下がろうとすると、司会者からまだ壇上に居るように促された。花束でも用意してくださっているのかなぁ？　と思っていると、司会者はこう言った。

「それではこれから質疑応答の時間に移らせていただきます。質問がある方は挙手をお願いします」

えっ、質問の時間が用意してあったの？　会場からは今日一番の笑いが……（汗）!?

皆さま、講演会のご依頼、お待ちしております。

智がピン（1人）で行う講演初体験の話を楽しく読ませてもらいました。同時に、僕は人生の中で何度講演の機会を頂いただろうかと振り返っています。

週2回として1年間で100回。医者としての生活は40年を超えたからざっと計算して4千回超えか。47都道府県、僕の声が届いていないのは皆無―というのが僕の誇りにもなっています。

講演会場には必ず20分前には入り、主催者と打ち合わせ。ところが、打ち合わせの時間もなく壇上に上げられたことがありました。

「思春期の悩みにどう向き合うか」というテーマで話す気満々だったのですが、ふと垂れ幕を見て唖然茫然（あぜんぼうぜん）。「熟年時代をどう生きるか」と大書されていたのです。

司会者に促されて中央テーブルの前に立つや、「それでは『熟年時代をどう生きるか』。北村先生よろしくお願いします」と。

今では、パソコンソフトのパワーポイントを使う講演会が一般化していますが、当時は口だけで勝負する時代だったことが幸いしてか、戸惑う様子も見せず、「50、60鼻垂れ小僧、70、80花盛り、90で迎えに来たら100まで待てと追い返せ」と、いつもの口調で話し始めました。自分で言うのも何ですが、学習と経験によってつくられた多数の引き出しがなければ、できる芸当ではないと今も思っています。

地方に出かけて行ったときなど、前夜祭と称して接待されることが少なくありません。酒の飲み方が過ぎました。

朝一番の講演会。壇上の僕にはスポットライトが当てられました。途端に、おなかがゴロゴロ。

講演開始から10分ほどたった頃でした。おもむろに黒板に向かって五つの質問を書き出した僕。書き終えると、会場の参加者に向かってこう求めました。

「お隣さん同士で話し合って結構ですから、この五つの質問の回答を考えてみてください。その間、僕はちょっと中座します」と。落ち着き払って壇から下り、僕の向かったところは……。

主催者が慌てて追いかけて来て僕に尋ねる

のです。

「先生、どうしたんですか」

「トイレ⁉」

青ざめていたであろう僕が行こうとしているのはそこしかないでしょうに、「先生、朝行ってこなかったのですか?」だと。

スッキリ爽やかな顔になった僕を迎えたのは会場の静寂でした。

「こんなとき、僕を拍手で迎えていただけると次の話がしやすいのですよね」と促し、大きな拍手が会場いっぱいに響くことになりました。

講演会と一口に言いますが、このように修羅場を乗り越える力がいつも求められています。というのは、いくばくかの講演料を頂戴して、参加してくださった方々の貴重な時間を預かるのですから……。

だから、1に体調管理、2に体調管理。万全の状態で皆さんの前に立てるように。〝講演生活〟大先輩からのアドバイスを真剣に受け止めてください。

そして、面白い、ためになる、元気が出る、そんな講演を心掛けてください。

（2018年8月23日）

文通その4

「居場所」を見つける

人を愛し、人に愛されることで「NO」言える子ども、親が育てる責任

「ご飯、何食べに行こうか？」
「パパが食べたい物でいいよ」と、何かと俺に気を使う娘。
「おすし〜」と、遠慮のない息子。

最近、一皿100円のお店に行っても、食べる量が増えてお財布がすぐに寂しい状態になる（笑）。

今回は、お財布の寂しさについて……ではなく、〝社会的居場所〟についてだ。

娘とのやりとりで感じるのは、学校でも気を使って友達と接しているのかなぁ？　ということだ。もちろん俺も多少は気を使いながら生活していたが、割と自由気ままにガキ大将をやってきた。

われわれの生活は、自分にとって居心地の良い空間を見いだし、自分の社会的居場所を探すことだと思う。家庭内はもちろん、職場もそう。安心感、充実感、達成感、守られている…、いろんな感覚によって自分の社会的居場所を見いだし続けているのだ。居場所を失った人間は、

社会的には死んだも同じようなものとさえ、俺は思う。

娘が学校で周りに気を使いながら生きているのは全く問題ではない。ここは笑っていた方が、場が和む、今はこの子の言うことを聞いておこう……。娘なりにいろいろ考えながら自分にとって居心地の良い空間を見いだしているのだろう。

気疲れしていないかと気になるが、元気な姿を見る限り、今のところは大丈夫だろう。

本当に心配なのは、NO（ノー）と言える人間であるかどうかだ。

大概、育ちの悪いやつ（俺と違う?）が悪い遊びに誘ってくる。そんなとき、場の空気を考えて断れない、なんてこともあるかもしれない。

興味本位のうちならいいが、度を超えたら人生おしまいだ。自分を見失ったらおしまい。こんなはずじゃ……、と思ったときにはもう遅い。ちょっと大げさかな?

子どもが悪いことをするのはすべて親の責任！　我が子の悪さを学校や他人のせいにするバカ親もいるが、いくら友達が悪い遊びを誘惑してきても、そこでNOと言える子に育てなかった親の責任だ。

自分の居場所を見いだすにしても、目的のハッキリしない物ごとへの気遣いや努力は無駄だ。良い目的を持った気遣いや努力をたくさんしよう。

現代社会、ネット上で匿名の人間として振る舞い、そこに自分の居場所を持つ人も増えている。独自に制作した動画を公開するユーチューバーと呼ばれる人も増えている。子どもに将来の夢を聞いたら「ユーチューバー」と答えたときには少し動揺した。

健全な動画を公開しているのならいいが、中には自己顕示なのか居場所探しなのか、俺から見ても悪質な動画を公開し、再生回数を多くしたいとしか考えられない連中が増えているのは問題だ。

炎上して「こんな大ごとになると思わなかった」なんて言っても、後の祭り。善悪を見極められないやつのその先にあるのは孤独だ。

人間社会、気を使い、苦労もたくさんある。そんな中で〝社会的居場所〟を一番感じられるのは「愛」ではないだろうか。人を愛し、人に愛され、自分の存在意義を高め、居場所を確立できるのだ。

これは男女関係だけの話ではない。親から子、友から友、上司から部下、人から動物……。愛はすべてにおいてだ。

ピースフル～！　平和で幸せな「令和」を迎えようじゃないか。

息子というより、２人の子を持つ父親の姿を垣間見たような「はいけい」に胸が熱くなりました。智の子どもということは、僕の孫ですからね。

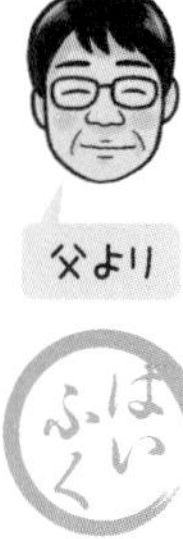

日頃、群馬在住の爺としては、長野で生活している2人の孫の日常を知る機会は限られています。この文通を通じ、今年（注・２０１９年）６月に10歳を迎える孫娘の学校生活の一端を見せつけられ、ドギマギしています。

ＮＯ（ノー）と言える人になろう！　というのは、性教育の大切な課題の一つです。話題としてはまだまだ早いとはいえ、機会があったら、将来、孫にも爺の性教育の一端を話してやってください。

計画していない妊娠に直面し、クリニックを訪れる女の子を診ていると、ＮＯと言えなかったことが原因していることが少なくありません。

「セックスを求められたとき、どう思った？」と尋ねたら、「私はまだ早いと思っていたのだけれど、彼に嫌われたくなかったから」と言うのです。そのとき、ＮＯと言ったことで本当に彼に嫌われることになるのでしょうか。

「何でも親の言う通りにしていれば『いい子』でいられる」と思い込んでいる子に多いようです。

ＮＯと言うことがわがままなのではなく、自分を守るため、時には相手を守るために大事だということに気づいていないのです。

僕など、「ＮＯと言われたために離れていく男がいたら、そんな男、別れて良かったと思え」と励ます日々です。

よくあるのは「俺のこと愛しているのだったらもういいだろう」という彼からの誘いです。「何が『いい』のか?」。おじさんにはさっぱり理解できないのですが、セックス、その先に起こる可能性のある妊娠や性感染症のことなどを考えると、その覚悟ができていないのなら、ＮＯと言うことで自分たちを守れたのに――と悔やまれることが少なくありません。

そのためには、幼い頃から、どんな場面であっても、自分で決められる子どもに育てることが親の責任です。「ああしろ、こうしろ」と口出しして、子どもを支配している子育てでは、子どもが選択する余地さえ奪ってしまいます。

日本人って協調性を重んじるがあまりに、周りを不愉快にさせまいと、自分の気持ちを覆い隠してしまうことがよくあります。ですが、北村家は、香港やネパール出身者が混在しているわけですから、学べる機会は多々あるはずです。長野で行き詰まったら、群馬にも居場所があると教えておいてください。

居場所といえば、新生児仮死の後遺症によって脳性まひの障害がある小児科医の熊谷晋一郎さんの言葉も聞かせたい。

「自立とは、依存先を増やすこと。希望とは絶望を分かち合うこと」

今度、遊びに来たときにでも、爺から話すことにします。

(2019年4月25日)

VII

そしておもう わがナガノ、わがフルサト

ふるさと自慢

山、野菜、果物…「幸せな県」長野— 群馬だって負けてない

東日本大震災が起きた年、吉本興業は地域活性化や地域発信を目的とした「あなたの街に住みますプロジェクト」を立ち上げた。

それ以前から長野県でテレビのレギュラー番組があったわれわれ「こてつ」は長野県の代表となった。長野県には母親の実家があり、東京が嫌いだった俺にとっては好都合だった。

東京が嫌いな理由は、オシャレで楽しいところがたくさんあり、何をするにも便利なのは認めるが、街が汚い。人が多過ぎて、人を人として見ていない。他人に興味なし!

結婚、そして子どもが生まれたことも影響している。無表情の小学生、中学生が一人で電車に乗って登下校している姿を目にするたびに、「東京でわが子を育てたくない」と思っていたのだ。

長野県に移住し、いろんなことを感じた。山の美しさ、水のうまさ、空気がきれい、夏に体がベトベトしない、山菜が手軽に手に入る、野菜や果物を近所の人がくれる、スタッドレスタイヤが必要、タイヤ交換の予約が取れない、雪かきが大変……など。

善しあしはもちろんあるが、一番良かったと思うのは〝四季を感じる〟ことだ。都会にも四季はあるが、俺は料理が好きなので、どうしても〝食〟についてのことになる。

東京ではいつスーパーに行っても、同じ野菜が同じ所に並ぶ。長野県のスーパーでは地元生産者コーナーに、時季の野菜が生産者の名前付きで並んでいる。地産地消、素晴らしい！

この原稿を書いている頃、福寿草が咲き、フキノトウ、セリ、アサツキなどの山菜が並び始め、早速、春の味覚を堪能している。タラノメ、コシアブラ、コゴミ、ギョウジャニンニク、これからいろいろ楽しみだぁ！

長野市郊外の山間部、芋井地区に今は亡き祖父母の家がある。その土地を使わせてもらい、夏野菜を育てたこともある。

ナス、キュウリ、ミニトマト、スナップエンドウ、トウモロコシ、その他いろいろ作ってみた。そこで初めてヤングコーンは本当にトウモロコシのヤングなんだと知った。間引いたトウモロコシの皮をむいたらヤングコーンが出てきて驚いた！　軽くゆでて食べたら、とんでもなくうまかった。

その他にも、近所の人から野菜を頂ける理由が分かった。毎日毎日、収穫した野菜を大量に食べても自分の家だけでは食べきれないのだ。

「移住したい都道府県ランキング」で13年連続1位の長野県。もともと住んでいる方は意外と気付いていないかもしれないが、長野県はとっても〝幸せな県〟だ。

ど～も～。「信州観光宣伝部長」こてつの北村です。移住してきた2011年に県観光部から委嘱され、ずっと務めさせていただいている。長野県の魅力を再発信できたかなぁ？（笑）。

最後に言っておきたい東京の文句をもう一つ。

どこもかしこも冷暖房が利き過ぎ。お客のことを考えず、店員の格好に合わせて温度設定するもんだから、冬はガンガンに暖房をかけ、夏は鳥肌が立つほど寒い。だが、夏は外に出たら灼熱（しゃくねつ）のベトベトした空気。具合悪くなるわ!!（怒）

長野県って本当に〝幸せな県〟だよね。

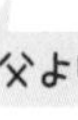

挑戦的、挑発的な「はいけい」が送られてきて戸惑いを隠せません。智は少年時代を過ごした群馬県をとうの昔に捨てて、長野県人になってしまったのですね。

それにしても、隣り合わせの県、同じ海なし県でもありながら、どうしてこうも評価が違うのでしょうか。

智が引用した「移住したい都道府県ランキング」というのは、宝島社発行の「田舎暮らしの本」（2019年2月号）の愛読者はがきによるアンケートの結果ですが、長野県は13年連続で第1位であることが話題になっています。

群馬県は2011年に10位、13年に9位があるものの、ここしばらく10位以内には入っていません。

信州ブランドの強さを印象づける結果ですが、これなど長野県内の過疎町村が積極的に定住促進を図っていることが影響しているのでは―との分析結果もあります。しょせん「田舎暮らし」の話ですからね。

それならばと、民間調査機関であるブランド総合研究所が18年10月に発表した「都道府県魅力度ランキング2018」を改めて確認して、がくぜんとしました。

この調査は、認知度、魅力度、イメージなど84項目からなり、全国の消費者3万24人が有効回答数だそうです。

北関東3県（群馬県、栃木県、茨城県）が下位の常連であることは分かっているのですが、長野県はどうか？　第9位。しかもトップ10の座を守り続けているのです。これはすごい！

ちなみに最新版では、1位北海道、2位京都府、3位東京都。そしてわれらが群馬県は、最下位を茨城県に明け渡して晴れて42位。

長野県の魅力について、豊かな自然や温泉の多さを挙げる方がいますが、群馬県だって負けてはいません。

ここで張り合ってみてもどうかと思いますが、伊香保温泉や草津温泉などは常に温泉ランキング上位を占めています。

交通の利便性については、新幹線の「かがやき」が最寄りの高崎に止まらないことは確かに残念です。でも、戦後4人の総理大臣を輩出したのは群馬県です。長野県はお一人でしたよね。

群馬県の特産品は？　と問われると困りますが、ネギとコンニャクと「ハラダのラスク」

かな？　水沢うどんもうまい。自然災害が少ないのも群馬県の特徴です。群馬県内の歴史や名物、偉人などを子どもたちに教えようと1947年に作られた「上毛かるた」は僕の誇りです。68歳になった今だって「あ」から「わ」までの44枚の読み札がすらすらと口から出てきます。

そんな群馬が好きだから、僕など東京の職場までの新幹線通勤が31年になります。しかし、何を挙げようと、長野県の魅力には勝てそうにないのがとても悔しい！

ここで本の紹介もなんですが、北村ヂン構成・漫画の「群馬のおきて」と、漫画・監修の「長野のおきて」（ともにアース・スターエンターテイメント）はお薦めです。「長野のおきて」は「ごてつ」が構成を担当しています。

（2019年3月28日）

文通その43

娘の習い事

初めて見た晴れ姿、成長に感謝感動！ 悔い残らぬよう一瞬一瞬を大切に

先日、初めて娘の習い事の長野県大会を見に行くことができた。

俺に似てスポーツ万能（笑）な娘なので、何かスポーツの習い事をさせたいなぁという思いがずっとあった。走るのが得意だから陸上？　女子サッカーもありだなぁと思っていた。

「何か習い事したいものはないの？」「んん～」「友達はどんなのをやっているの？」「水泳やっている子もいるし、ダンスとか、そろばんとか」。娘はあまり習い事に前向きではないようだ。

しばらく習い事の話を交わすことはなかったのだが、ある日、急に娘の口から、やりたいことができたーとの報告が。

「なになに？　何やりたいの？」「マーチング！」……。おっと、予想外なのが出てきた。文化系に行くのかぁ～。「運動系じゃなくていいの？」「うん、マーチングやりたい！」。そこは娘の意志を尊重し、小学校3年生のときに仮入部、4年生から正式なメンバーとなった。

いざ始めてみると、重い楽器を担ぎながらの演奏、そして動き回り、全体でフォーメーションを組んでいく。これは文化系なんかじゃない、スポーツだ！　運動系だ！　練習日はクタクタで帰って来て、バッタリなんてことも。

今までは動画でしか、演奏を見たことはなかった。熱心な先生。娘をはじめ、子どもたちをまとめ上げ、成長させていただき、感謝します。感動しました。

10月初めの長野県大会を終え、さらに上の大会へ進むことはできたようだ。舞台の一つは、俺も立ったことがない、さいたまスーパーアリーナ！　すげーなぁ。

そもそもどうして、俺は今回、県大会を見に行くことができたのか？

週末は大概、県内各地のイベントに呼んでいただき、飛び回っているため、子どもの年中行事を見に行くことはほとんどできなかった……のだが、今月なぜか仕事が激減！　ギャ〜！　え？　夏が終わってイベントが一段落？　いやいや、まだまだ秋祭りをやっているし、新そば祭りもピークを迎えるはず。俺ら芸人はお給料制ではない。完全歩合制。仕事がなければ0円。たくさん仕事があればそれだけもらえる。仕事量が生活に直結するんです!!

吉本からは、お仕事をした2カ月後にギャラが振り込まれる。2カ月後。何かと出費の多い師走じゃねーか！　ヤバい、ヤバい。

今からでも遅くない。お仕事のご依頼、切にお待ちしております（土下座）。

台風19号による千曲川の決壊。それに伴う、甚大な被害の映像がテレビニュースで流れるたびに、胸が苦しくなります。

群馬県前橋市の自宅から東京へ、新幹線通勤を31年間続けている僕にとっては、いつも乗り慣れている北陸新幹線の120の車両の浸水には言葉を失いました。リンゴ農園は大丈夫か？　小布施の栗は？　などなど。

僕自身は住んだことはありませんが、わが妻の故郷、息子夫婦と2人の孫の生活の場であることをもってすれば、第二の故郷といっても過言ではない長野県のこと。気が気ではありません。

長野県に限ったことではありませんが、台風の被害に遭われた皆さまには心からお見舞い申し上げるとともに、復興に尽力されている関係者が安全に留意され、ご活躍されることを祈らずにはおれません。一刻も早く、かつての日常を取り戻すことができますように……。

被害は、孫娘のマーチングバンドにも及んだことを知りました。東海大会への参加は断念せざるを得なかったとのメールが入り、これも胸を痛めることになりました。

LINE（ライン）を通じて、長野県大会でのライブ映像が届き、孫娘の頑張りに心躍らしていたのもつかの間。自然の猛威には勝てなかったわけで、相当意気消沈しているのではないかと心配しています。ただ、生きている間には、思いもかけないことが起こり、しかも、自分の力ではいかんともし難いことも多々あることを、この機会に学んでもらえたらと願っています。だから、

悔いが残らないように、一瞬一瞬を大切に生きていってほしいのです。

台風も衝撃でしたが、「今月からレギュラー番組が1本なくなり……」と泣きのLINEが智から届いたことにも戸惑いを隠せません。早速、「前橋に戻って、再出発するか?」と返しましたが、「まだレギュラーは4本あるから」と。

40歳にもなった息子の行く末を気にかけている自分がいとおしくなりました。親というものはこうやって、何歳になってもなお、子どものこと、孫のことで悩まされ続けるものなのでしょうか。

(2019年10月24日)

被災地に思い寄せる

がんばろう長野！　アルクマも一緒に

台風15号、そして19号と日本各地での甚大な被害。被災された方々にお見舞い申し上げます。

先日、長野県災害対策本部の方より直々に、片付けなどのボランティアの人手がまだまだ足りていないと連絡があった。これから本格的な冬が来る前に、少しでも被災地の復旧・復興を進めなければならない。週末でも、1日だけでも、ほんの少しずつ力を貸してほしい。みんな一つになって、「がんばろう長野！」。

俺も炊き出しの手伝いに行かせてもらった。体育館で雑魚寝状態の避難所。暗くなる頃、家の片付けで泥だらけになって戻ってこられる方々。冷たいお弁当だけなのではと気掛かりで、野菜たっぷりの豚汁を届けて、皆さんに喜んで食べていただいた。

他にも炊き出しボランティアの方がいて、被災された方から「おいしいものがいっぱいあって、私ここに来て太っちゃう」と冗談めかした話が出る場面も。しかし、それによって弁当が廃棄される事態は避けたい。日本は先進国だが、災害対応は発展途上だということになる。まあ、ここにいろいろ書くと炎上しそうなのでやめておこう。

さて、先日うれしいニュースが飛び込んできた。「ゆるキャラグランプリ2019」が開催され、長野県PRキャラクターの「アルクマ」が見事1位！　おめでとう～、パチパチパチ。

アルクマと、われわれ「こてつ」には強い絆があるのだ。われわれは2011年に「長野県住みます芸人」になり、その年、長野県観光部から「信州観光宣伝部長」を委嘱された。これまでの8年間、県内外でアルクマと一緒に長野県のPRをしている。

アルクマのかわいさで人を集め、われわれの巧みなトークで場を盛り上げる、という素晴らしい連携プレーを見せている。そう、われわれに集客力はないが、トークには自信があるのだ(笑)。

アルクマファンは県内外各地にいる。いつも写真をたくさん撮られて、うらやましいなぁなんて思ったことも。そんなある日、東京駅で女性が「写真いいですか?」とわれわれに声を掛けてきた。

来たーっ！　うちらは喜んで承諾。カメラを向けられ2人でピース&最高の笑顔。準備OK、いつでも撮って！　カメラをこちらに構え、徐々に近づいて来る。

ん？　近いな〜近いな〜そんなに寄る？　カシャ！　え？　彼女はわれわれが着ていたTシャツの胸元にプリントされたアルクマを近距離で撮影し、去っていった……。うちらじゃないんかーい。しかし今では県外のファンの方もわれわれを含めて応援してくださり、写真も一緒に撮ってくれるようになっている（笑）。

復旧・復興はもちろん、これからも長野県を元気に！　頑張ります。

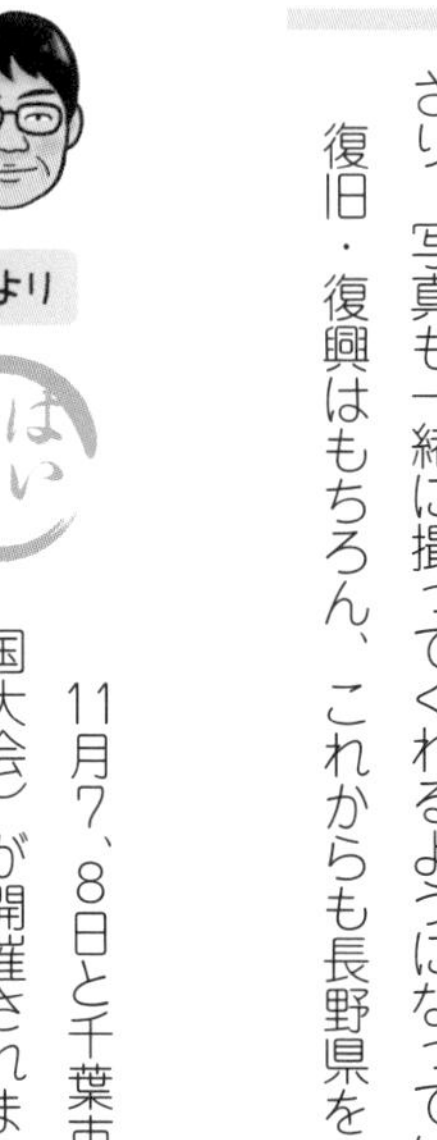

11月7、8日と千葉市で健やか親子21全国大会（母子保健家族計画全国大会）が開催されました。

僕の役割は、主催者としてのあいさつと、長年にわたってこの分野で活躍された方々への表彰状授与。何十年にもわたって、母子保健・家族計画の向上に努めてこられた方々に敬意を払いたいと思います。

この大会に合わせたかのように、国は2018年度の人工妊娠中絶統計を発表しています。その数16万1741件。前年度比2880件の減少でした。

15歳から49歳という生殖可能年齢の女性人口千人に対する中絶実施率は6・4。1955年の中絶届出数が117万件を超えていたことを思えば、まさに隔世の感があります。それとともに、

計画していない妊娠の防止に積極的に取り組んでこられた関係者のご苦労のたまものと受け止めています。ちなみに、長野県の中絶実施率は5・7で、低い方から15番目という結果でした。

千葉県といえば、長野県と同様に、台風15号、19号、その後の豪雨によって安心安全な日常生活を奪われた地域であることは今更申し上げるまでもありません。千葉駅構内にまで浸水があっただけでなく、地域によっては、停電でしかも水が使えないという生活が長く続きました。

そんな中、僕が千葉市に滞在する間、あの有名な森田健作・千葉県知事が、口にするコップを震わせながら釈明に追われている姿をテレビで拝見する一方で、阿部守一・長野県知事の発言にくぎ付けになりました。

長野県全体として、2400億円を超えるという大きな被害(11月21日時点)です。施設の復旧・復興、さらには被災された県民への支援を可及的速やかに行うことは当然のこととはいえ、僕の耳に飛び込んできたのは、観光県長野の被害状況についてでした。

10月の県内宿泊キャンセルが相次いでいること。その額は少なく見積もって20億円を超えていること。実際に被災した地域にとどまらず、甚大な被害を受けた長野県へ観光に行くこと自体が「しのびない」という理由でキャンセルする客が少なくないといいます。

これに対し、観光を自粛するのではなく、予定通り出掛けることで風評被害が広がるのを防ぎ、復旧・復興支援にもなる――。そんな側面があると知って、妙に納得させられました。

リンゴの季節。お世話になっている全国各地の方々への発送の注文をいつも通りに終えましたし、11月13日には伊那市の県伊那文化会館へ講演に行ってまいりました。

「がんばれ、長野!」

「アルクマ」が「ゆるキャラグランプリ2019」で第1位。おめでとう! けんかを売るつもりはありませんが、群馬県のマスコット「ぐんまちゃん」は2014年に受賞しています。

(2019年11月28日)

信州観光宣伝部長として、長野県観光 PR キャラクター「アルクマ」と一緒に、冬と夏の信州の魅力をアピールする「こてつ」の２人。上は JR 大阪駅構内の新潟県・長野県合同観光展で（2019 年 1 月）。下は初めて迎える「山の日」を前に JR 名古屋駅構内で（2016 年 6 月）

①連載開始のきっかけの一つとなったイベント、2014年11月、医師や保健師たちでつくる長野県性教育研究会などが長野市で開いた研究大会。トークライブで親子が競演、「家庭内性教育」のエピソードを披露した

②珍しいスーツ姿の智。2018年4月、上高井郡市ＰＴＡ連合会学級会長研修会（小布施町）で初めての講演に挑戦。爆笑は誘ったが…（217～219ページ「講演会を体験して」参照）

（①②③撮影・信濃毎日新聞社）

北村父子 思い出の

③長野県での出番は父・邦夫の方がはるかに先。1995年12月、上伊那郡飯島町で飯島中学校の生徒たちを相手に講演。この日はエイズを題材に「中学生の心とからだ」について熱く語った

④北村家「おもいでのアルバム」から。1989年8月、夏休みに家族みんなで行った北海道の海辺の町で。智（前列右）は小学4年生。初恋のクラスメートにお土産のプレゼント大作戦を決行した頃（156～158ページ「若者よ恋をしよう」参照）

あとがき

どこにでもある、ごくふつうの話

２０１９年の暮れに、ショッキングなデータが発表されました。「出生数過去最低。90万人割れ」。人口が減少していくのは当たり前で、ある報告によると、1年間で死亡者数から出生数を差し引いた人口の自然減は51万人を超え、1年で鳥取県がなくなるほどだといいます。

産むか産まないかは個人の選択の結果であって、国が旗振りをすべきものだとは考えていません。仮に少子化が進行することは将来に深刻な事態を招くからといって、「産め産め」とだけ叫ぶことは得策ではありません。若者たちはなぜ結婚しないのか、なぜ子どもを産まなくなってしまったのか、その原因を追及して、改めるべきは改める勇気と行動力が社会に、敢えて申し上げれば政治に求められています。

日本家族計画協会が実施した全国調査によれば、18歳から34歳の未婚男女が将来子どもを持つことについて感じる不安は何かと聞くと、圧倒的に「経済的不安」を挙げていました。人と人とのコミュニケーションを図ることを面倒だと感じている若者たちが増えていることも気になります。

ところで、結婚生活が楽しい、子育てには果てしない夢があると胸を張って語れる大人がどれほどいるでしょうか。僕自身は、仕事の忙しさにかまけて、5人の子育ては妻任せの人生でしたので、子育ての楽しさを語るほどの資格はありません。僕の家族をよく知る友人たちは、口を揃えて「おまえが子育てしている姿など見たこともないし、想像すらできない」と言います。

今回、縁あって信濃毎日新聞紙上で2016年4月から「北村さんちのオトコの文通」を連載する機会に恵まれ、はたと気付かされたことがあります。子育てに十分な役割を果たせなかったとはいえ、父と子という繋がりの時間をこんな形で実現できたことはとても幸せなことでした。

「長野県住みます芸人」として長野県の皆さんにお世話になっている三男の智から送られてくる「はいけい」を受けて、産婦人科医である父親の立場で「はいふく」を返す。そのやりとりを長男がイラストで表現する「北村さんちのオトコの文通」。連載が始まってからかれこれ4年。よくもここまで続けてこられたものだと、我ながら驚いています。

この連載を知っている人たちから、「月1回とはいえ、父子3人の作品なんて羨ましい限りだ」と声を掛けられ、改めて「そうだよなぁ！」と感じ入っています。それがあろうことか、出版の話が舞い込んできたものですから、驚きはまさにMAX。

心配なのは、「この本から、読者は何を知ることになるのか？」です。これはあくまでも「北村さんちの話」に過ぎませんが、どこにでもある話、誰もが経験し得るふつうの話であって、あんなとき、こんなとき、「北村さんち」ではどうやって乗り越えてきたのかなんてことを、アホらしいと感じ取りながら読み進めていただけていたら幸いです。

つらいことも楽しいこともいろいろある結婚生活や子育て。機会があったらですが、経験する価値があるかも知れませんよ。

2020年2月　**北村 邦夫**

家族みんなの涙と笑い

おやじの書斎で見た「エロ本」（オトナの性器が描かれた医学書）の思い出に始まり、子ども時代の家の中、ときめきの思春期、そして親となった今。わが子とおのれの行く末を案じつつ、開けっ広げにひねり出してきた文通が40本を超えた。

毎月第4木曜日の新聞にコラムが載ると、すぐに次の「はいけい」のネタを何で行くのか、「産みの苦しみ」が始まる。月が替わると、信毎文化部くらし面担当デスクの矢嶋正幸さん（連載開始の2016年4月から1年間は前任の阿部貴徳さん）とやり取り。夜は飲みたい酒もちょっと我慢して、あーでもないこーでもないで、なんとか1本仕立てる。

これがおやじに送られると、数日で「はいふく」が返ってくる（さすがに慣れているおやじは筆が早い）。これが東京の兄貴に送られ、話に合わせたイラストが上がってくる（ここまで来ると、もう締め切りぎりぎりになるらしい）。

長野→群馬→東京→長野と「書簡」がメールで行き来し、親子合作はようやく形になる（毎回綱渡りのようで、デスクさん、ごくろうおかけします）。

話の9割方はおやじをはじめ家族の誰かが何らかの形で出てくるわけだから、こてつの相方・河合武俊の「家族ぐるみで仕事しやがって〜」（第2章「連載1年が過ぎて」）ではないが、これは北村家みんなの涙と笑いが詰まった作品集と言えなくもない（少し大げさ?）。俺にとっては家庭内のごくありきたりの出来事ばかりであり、読者の皆さんは面白く読んでくれるのだろうか、あるいは、少しは共感してもらえるのだろうかという問題はさておき。

話題は当初の「下ネタ」系から、最近は深刻な親子の事件や世相、おやじの専門である「性」教育の在り方にまで広がってきた。いい意味でも悪い意味でも、よしもと芸人らしさ路線からのずれ具合におやじは少し心配なようだが、読者の皆さんからは温かい反響も頂いている。この場を借りて感謝申し上げます。これからもお笑いやイベントで、相方ともっともっと長野県を盛り上げていきます！

子の成長と向き合いながら、俺はこれからどんな父親像を示していけるのだろうか。
出会い、恋愛、子育て、人との交わり。面倒なこと、悲しいこともあるけれど、いいことも、刺激もいっぱい。多くの方と悩みや涙、笑いを共有できたらうれしいですね。お話しする機会をいただけたら、どこへでも行きますよ。どーにかこーにか出来上がったこの本と一緒に。

2020年2月　北村　智

北村　智　Tomo Kitamura

1979年群馬県生まれ。NSC（吉本総合芸能学院）東京校9期生。2006年に河合武俊さん（松本市出身）とお笑いコンビ「こてつ」を結成。11年から、吉本興業の企画「あなたの街に〝住みます〟プロジェクト」により「長野県住みます芸人」として長野に移住し、地元のテレビやラジオ番組、イベントに出演。長野県の委嘱により、コンビで「信州観光宣伝部長」も務める。著書に「長野のおきて」など。

北村邦夫　Kunio Kitamura

1951年群馬県生まれ。産婦人科医。自治医科大医学部1期生。卒業後、群馬県内の保健所等に勤務。88年から日本家族計画協会クリニックの所長を務め、2014年から一般社団法人日本家族計画協会理事長。思春期の性、性感染症、経口避妊薬・ピルや緊急避妊法に造詣が深い。診療の傍ら全国で講演を続ける。主な著書に「ティーンズ・ボディーブック」「女の子、はじめます。」「思春期の性の悩みQ＆A」など。

イラスト：北村チン
Jin Kitamura

編集・写真
信濃毎日新聞社 編集局

構　成
伊藤　隆
（信濃毎日新聞社 出版部）

ブックデザイン
庄村友里
（トレモロデザイン）

お笑い芸人＆産婦人科ドクター
北村さんちのオトコの文通

2020年4月1日　初版発行

著　者　北村　智　　北村邦夫

発　行　信濃毎日新聞社

〒380-8546　長野市南県町657
TEL 026－236－3377　FAX 026－236－3096（出版部）
shuppanbu@shinmai.co.jp　https://shop.shinmai.co.jp/books/

印刷製本　大日本法令印刷株式会社

ISBN 978-4-7840-7364-1　C0095

※定価はカバーに表示してあります。　※乱丁・落丁本はお取替えします。